司法创新的文化之源

研究阐释党的二十大精神丛书

上海市哲学社会科学规划办公室
上海市习近平新时代中国特色社会主义思想研究中心 编

秦策 ⊙ 著

上海人民出版社

出版前言

党的二十大是在全党全国各族人民迈上全面建设社会主义现代化国家新征程、向第二个百年奋斗目标进军的关键时刻召开的一次十分重要的大会。这次大会系统总结了过去 5 年的工作和新时代 10 年的伟大变革，阐述了开辟马克思主义中国化时代化新境界、中国式现代化的中国特色和本质要求等重大问题，对全面建设社会主义现代化国家、全面推进中华民族伟大复兴进行了战略谋划，对统筹推进"五位一体"总体布局、协调推进"四个全面"战略布局作出了全面部署，在党和国家历史上具有重大而深远的意义。

为全面学习、全面把握、全面落实党的二十大精神，深刻揭示党的创新理论蕴含的理论逻辑、历史逻辑、实践逻辑，在中共上海市委宣传部的指导下，上海市哲学社会科学规划办公室以设立专项研究课题的形式，与上海市习近平新时代中国特色社会主义思想研究中心、上海市中国特色社会主义理论体系研究中心联合组织了"研究阐释党的二十大精神丛书"（以下简称丛书）的研究和撰写。丛书紧紧围绕强国建设、民族复兴这一主题，聚焦习近平新时代中国特色社会主义思想，聚焦新时代党中央治国理政的伟大实践，力求对党的创新理论进行学理性研究、系统性阐释，对党的二十大作出的重大战略举措进行理论概括和分析，对上海先行探索社会主义现代化的路径和规律、勇当中国式现代化的开路先锋进行理论总结和提炼，体现了全市理论工作者高度的思想自觉、政治自觉、理论自觉、历史自觉、行动自觉。丛书由上海人民出版社编辑出版。

丛书围绕党的二十大提出的新思想新观点新论断开展研究阐释，分领域涉及"第二个结合"实现之路、中国式现代化道路、五个必由之路、中国共产党的自我革命、斗争精神与本领养成、国家创新体系效能提升、中国特色世界水平的现代教育探索、人民城市规划建设治理、超大城市全过程人民民主发展、数字空间安全、长三角一体化发展示范区等内容，既有宏观思考，也有中观分析；既有理论阐述，也有对策研究；既有现实视野，也有前瞻思维。可以说，丛书为学习贯彻习近平新时代中国特色社会主义思想和党的二十大精神提供了坚实的学理支撑。

丛书的问世，离不开中共上海市委常委、宣传部部长、上海市习近平新时代中国特色社会主义思想研究中心主任、上海市中国特色社会主义理论体系研究中心主任赵嘉鸣的关心和支持，离不开市委宣传部副部长、上海市习近平新时代中国特色社会主义思想研究中心常务副主任、上海市中国特色社会主义理论体系研究中心常务副主任潘敏的具体指导。上海市哲学社会科学规划办公室李安方、吴净、王云飞、徐逸伦，市委宣传部理论处陈殷华、俞厚未、姚东、柳相宇，上海市习近平新时代中国特色社会主义思想研究中心叶柏荣等具体策划、组织；上海人民出版社编辑同志为丛书的出版付出了辛勤的劳动。

"全面建设社会主义现代化国家，是一项伟大而艰巨的事业，前途光明，任重道远。"希望丛书的问世，能够使广大读者加深对中华民族伟大复兴战略全局和世界百年未有之大变局、对中国共产党人更加艰巨的历史使命、对用新的伟大奋斗创造新的伟业的认识，能够坚定我们团结奋斗、开辟未来的信心。

目 录

导　言

现代司法如何面对传统文化？

　　习近平在党的二十大报告中强调："弘扬社会主义法治精神，传承中华优秀传统法律文化，引导全体人民做社会主义法治的忠实崇尚者、自觉遵守者、坚定捍卫者"，明确将传承中华优秀传统法律文化与新时代中国式法治发展联系起来。中华民族是四大文明古国中唯一没有断裂、一直延续发展至今的文明，中国古代法律文化源远流长，底蕴深厚。当代社会的发展与历史之间有着难以切断的纽带。时至今日，中华优秀法律文化仍然可以司法创新提供宝贵的思想资源。习近平指出："深入挖掘中华优秀传统文化蕴含的思想观念、人文精神、道德规范，结合时代要求继承创新，让中华文化展现出永久魅力和时代风采。"[①] 从国情出发，传承与弘扬中华优秀法律文化，并借鉴现代法治文明的优秀经验，是建设和完善中国特色社会主义司法制度的必由之路。

第一节　中华优秀法律文化的基本界定

　　中华法律文化是中国几千年来法律实践活动及其成果的统称，是指

[①] 习近平：《决胜全面建成小康社会　夺取新时代中国特色社会主义伟大胜利——在中国共产党第十九次全国代表大会上的报告》，人民出版社 2017 年版，第 42 页。

从上古起至清末止，广泛流传于中华大地的具有高度稳定性和持续性的法律制度和文化。它是中华传统文化的重要组成部分，涵盖了中华民族在长期的历史发展过程中形成的具有鲜明个性的法学理论、法律理念、法律制度和法律方法。中华优秀法律文化则是指其中能够在新时代继续延续，并有可能成为全面依法治国重要思想渊源的那一部分。根据文化的分层理论，中华优秀法律文化可以分为以下四个层面来加以理解：

一、理论层面

理论层面的中华优秀法律文化涵盖了中国古代各种学派和思想家在探讨国家治理、社会秩序、人际关系等方面所提出的关于法律本质、功能、原则、制度等方面的理论观点和主张。如儒家的礼法结合、民本思想、仁义道德等；法家的以法治国、执法必严、以刑去刑等；道家的无为而治、遵循天道等；名家的名实相符、辨析是非等等。理论的特征在于通过系统性知识体系的构建，对其中的观点进行全面的论证。

二、理念层面

理念层面的中华优秀法律文化是指中国古代体现于各种法律制度和司法实践中的价值取向和目标追求。对此，习近平曾有过高度的概括，包括：出礼入刑、隆礼重法的治国策略，民惟邦本、本固邦宁的民本理念，天下无讼、以和为贵的价值追求，德主刑辅、明德慎罚的慎刑思想，援法断罪、罚当其罪的平等观念，保护鳏寡孤独、老幼妇残的恤刑原则。[①]

[①] 习近平：《坚定不移走中国特色社会主义法治道路　为全面建设社会主义现代化国家提供有力法治保障》，《求是》2021 年第 5 期。

理念与理论有着密切的联系，但理念的特征不在于体系上的完善或论证上的严密，而是在于立法与司法中的实际贯彻。

三、制度层面

制度层面的中华优秀法律文化是指中国古代在不同历史时期所形成和发展出来的一系列具有实效性和规范性的法律规范和制度安排。如夏商周三代的习惯法和礼乐制度、春秋战国时期的成文法和刑名制度、秦汉时期的奖励告奸和春秋决狱制度、魏晋南北朝时期的民族融合和官僚制度、隋唐时期的完备法典和科举制度、宋元时期的勘查鉴定和圆坐圆署制度、明清时期的吏治监察和留养承祀制度等。制度构成了法律的本体，属于法律文化中最具有明确性的部分。

四、方法层面

方法层面的中华优秀法律文化是指中国古代官员在立法和司法活动中所遵循的原则、程序和技巧，如五声听讼法、三刺调查法、钩距讯问法、春秋决狱法、情理裁判法等。这些方法不同于法律的理论、理念与制度，因此可以构成独立的论域，但它们又与法律的理论、理念与制度具有一致的内在精神。方法构成了法律实践的手段与策略，属于法律文化中较为能动的部分。

值得指出的是，受制于当时的历史条件和经济基础，中华法律文化是一个良莠并存的体系，而中华优秀法律文化只是中华法律文化之中具有优良特质、有助于现代法治建设的那一部分。习近平指出："中国历史上形成和留下了大量这方面的思想遗产，虽然这里面有封建社会的糟粕,但很多观点至今仍然富有启发意义。"① 中华法律文化是在特定的历史条件下形成和发展的,不能当成固定的模式来套用。只有从中甄别与拣选出与新时代实践相契合的部分,用创造性的态度去借鉴和改造,才能使中华优秀法律文化重新焕发生命力。

第二节 中华优秀法律文化融入司法创新的必要性与可行性

一、中华优秀法律文化融入司法创新的必要性

将中华优秀法律文化传承于当代司法过程,有着重要的必要性和意义。具体来说,有以下几个方面:

第一,传承中华优秀法律文化,可以增强文化自信,坚定走中国特色社会主义法治道路。

中华优秀法律文化蕴含着中华民族的精神和智慧,有很多优秀的思想和理念值得我们传承和弘扬。如出礼入刑、隆礼重法的治国策略;民为邦本、本固邦宁的民本理念;天下无讼、以和为贵的价值追求;德主刑辅、明德慎罚的慎刑思想;援法断罪、罚当其罪的平等观念;保护鳏寡孤独、老幼妇残的恤刑原则,等等。这些思想和理念,经过创造性转化和创新性发展,成为全面依法治国理论支撑的重要组成部分,为坚持中国特色社会主义法治道路,发展中国特色社会主义法治理论,建设中

---

① 中共中央纪律检查委员会、中共中央文献研究室编:《习近平关于党风廉政建设和反腐败斗争论述摘编》,中央文献出版社、中国方正出版社 2015 年版,第 139—140 页。

国特色社会主义法治体系发挥不可或缺的重要作用。

第二，传承中华优秀法律文化，可以提高公民法治素养，促进社会和谐稳定。

中华优秀法律文化强调以道德教化为先导，以礼教为根本，以人际和谐为目标，以无讼为理想。这些文化内涵，可以引导公民树立正确的法治观念和价值取向，增强尊法学法守法用法的自觉性和主动性，培养良好的道德品质和行为习惯。同时，也可以促进司法机关在审判实践中充分体现人文关怀和社会效果，维护社会公平正义，化解社会矛盾纠纷。

第三，传承中华优秀法律文化，可以丰富社会主义先进文化，提升国家软实力。

传统文化是一个国家或地区历史积淀和民族特色的体现，它包含了价值观、思想方法、生活方式等丰富内容，能够产生具有独特的吸引力、凝聚力和感召力，因而成为国家软实力的一项核心因素。中华优秀法律文化是中国人民对人类文明进步作出的独特贡献。将中华优秀法律文化传承于当代司法过程，可以展示中国特色社会主义制度和国家治理体系的魅力和优势，增进国际社会对中国历史文化、现代发展、未来愿景的了解和认同，对于提升国家软实力具有重要意义。

二、中华优秀法律文化融入司法创新的可行性

将古老的中华优秀传统法律文化传承于当代司法过程，是一项有意义而又富有挑战的任务。只要我们正确地理解、评价、选择和运用中华优秀传统法律文化的思想精髓和实践智慧，它就能够为全面依法治国提供丰厚的滋养和强大的动力。

第一，中华优秀传统法律文化具有恒久的生命力。

中华优秀传统法律文化体现了中华民族的精神和智慧，其中有不少法律制度不仅在当时具有自洽性，发挥了应有的国家治理作用，还具有跨越时空的适应性。如中国自古就有"明主治吏不治民"的治理思想，为了保障国家官僚队伍的清廉奉公、运行有序，传统社会逐渐发展出了一套完整的职官治理体系，从选拔、任用、考核、监察到退休，对官员的整个职业生涯都作出了细致周密的规定。今天，坚持抓住领导干部这个"关键少数"，注重对领导干部的约束，把权力关进制度的笼子，正是习近平法治思想的重要内容，也是全面推进依法治国的关键任务。二者之间存在着一定的承继关系。又如，中国古代强调成文法和法典化，《唐律》《宋刑统》《大明律》等成熟法典呈现出系统的规范构造和精湛的立法技术，标志着中华法制文明的高超水平。今天，法典化仍然是当代社会主义法律体系建设的重要主题，中华传世法典在具体内容上或许存在历史局限性，但其在结构体例、语言技术上可以为当下法典的编纂贡献传统智慧。

第二，中华优秀法律文化与现代法律价值具有一致性。

中华传统文化虽然已是历史，但并非就此隐入尘埃，这是因为其中所包含的一些价值理念至今仍然具有生命力，与现代法律价值隐然相通。例如，中华传统法律文化中有"仁者爱人""己所不欲，勿施于人""人人皆可为圣贤"等思想，认为人都有自己的价值和尊严，体现了对人的尊重和关爱；而现代法律价值也强调人权保障，认为人是法律的主体和目的，法律应当保护人的自由、平等、尊严等基本权利。两者之间虽然并非全然一致，但存在着明显的重叠与相通之处。又如，中华优秀法律文化中有"法不阿贵""缘法定罪""以法治国"等思想，认为法律应当公正、明确、有效地规范社会行为，体现了对法律的尊重和遵守；而现代法律价值也主张法治理念，认为法律是社会秩序的基础和保障，法律应当合理、稳定、普遍地适用于所有人。两者之间无疑存在着契合之处。再如，中华优秀法律文化中有"大同世界""天下为公"等思想，体现了对社会和谐和正义的追求，认为社会应当消除贫富差距，实现民生福祉；而现代法律价值也倡导社会正义，认为社会应当消除歧视和偏见，实现利益均衡。两者之间亦可有所呼应。这些一致性使得中华优秀法律文化可以汇入当代法治建设的洪流，并成为最为深层的动力源泉。

第三，中华优秀法律文化与中国共产党的治国理念具有一致性。

中国共产党始终把为中国人民谋幸福、为中华民族谋复兴作为自己的初心使命，其治国理念与中华优秀法律文化具有相通性。例如，中华优秀法律文化中有"民为邦本，本固邦宁"的民本理念，认为民众是国家的根本，要以民为本，为民谋福祉。中国共产党以"全心全意为人民服务"为宗旨，坚持人民立场，把为人民谋幸福、为民族谋复兴作为党的初心使命，确立了全心全意为人民服务的根本宗旨。中华传统文化价值中有"仁者爱人""人人皆可为圣贤"等思想，体现了对人的尊重和关爱，认为人都有自己的价值和尊严。马克思主义也强调人的本质和自由，认为人是社会发展的主体和目的，社会应当为人的全面发展提供条件。又如，中华传统文化价值中有"法者天下公器""一断于法"等法治思想，认为法律应当公正、明确、有效地规范社会行为。中国共产党坚持依法治国、依法执政、依法行政的基本方略，把法治作为国家治理和社会管理的基本方式，推进科学立法、严格执法、公正司法、全民守法。再如，中华优秀法律文化中有"大道之行，天下为公"的大同理想，憧憬一个天下大公、世界太平的理想社会。马克思主义也提出了共产主义社会的远大目标，设想一个没有剥削、没有压迫、没有阶级、没有国家的自由平等的社会。而新时代的中国共产党人则结合国际社会发展的新形势，提出人类命运共同体理念，倡导构建新型国际关系和人类共同体，推动世界和平与发展。

第三节　面向中华优秀法律文化的研究态度与方法

一、面向中华优秀法律文化的研究态度

（一）正视与尊重

我们应当认识到，中华优秀法律文化是中华民族在长期历史发展和法律实践中形成的具有鲜明特色的法律思想和法律制度的总称，是前人留给我们的宝贵文化财富。它们是推进法治建设的文化根基，经过创造性转化，可以成为中国特色社会主义法律文化的重要组成部分。历史

文化是一个民族或一个国家的灵魂和精神支柱。尊重历史文化，就是尊重自己的祖先和前辈，尊重自己的血脉和基因，尊重自己的价值和主体性地位。只有尊重历史文化，才能坚定中国式现代化的文化自信。文化自信是一个国家、一个民族发展中最基本、最深沉、最持久的力量。激发全民族文化创新创造活力，才能增强实现中华民族伟大复兴的精神力量。

（二）客观而辩证地分析

习近平指出："要注意研究我国古代法制传统和成败得失，挖掘和传承中华法律文化精华，汲取营养、择善而用。"[①] 我们既要看到中华优秀法律文化在历史上发挥的积极作用，也要看到它在现代社会中存在的局限性和不足。我们不能用现代观念来简单地否定古代法律制度，也不能基于"好古之心"一味美化古代法律治理状况，更不能忽视历史语境和社会背景对法律文化的影响。客观和辩证地分析古老的传统法律文化，可以帮助我们正确认识和评价中华法制文明的历史贡献和现实意义，避免盲目否定或盲目美化的偏见。在此基础上，我们才能够发现和挖掘其中蕴含的有益于社会主义法治建设的思想和理念，并创造性地转化和发展其中适应时代变化和人民需求的内容。在这个意义上，中华优秀法律文化才有可能为当代推进国家治理体系和治理能力现代化提供创新动力和实践路径。

---

① 习近平：《论坚持全面依法治国》，中央文献出版社 2020 年版，第 111 页。

（三）创造性地转化和发展

古老的传统法律文化是在特定的历史条件和社会环境下形成和发展的，它反映了当时的政治、经济、文化、道德等方面的实际情况和价值取向。随着时代的进步和社会的变化，一些古老的传统法律文化可能已经不符合现代社会的需求和规范，甚至与之相悖或相冲突。在中华法律文化中，诸如封建等级特权制度、刑讯逼供制度等内容都已经完全不适应现代社会主义法治建设的要求。因此，我们不能不加选择地照搬照抄古老的传统法律文化，而应当挖掘和传承其中有益于社会主义法治建设的思想和理念，并对其进行创造性转化，即在继承其精华的基础上，对其进行必要的改造和创新，使之与现代社会主义法治理念和实践相协调、相适应、相促进。

二、面向中华优秀法律文化的研究方法

党的二十大报告强调：中华优秀传统文化应得到创造性转化、创新性发展。本书探寻司法创新的文化之源，就是要将中华优秀法律文化置入当代中国司法过程的语境，进而考察对其进行创造性转化和创新性发展的规律。当然，创造性转化和创新性发展的过程并不是一蹴而就，而是分层次循序向前推进的。这涉及三种具体的方法。

（一）甄别

甄别是指从中国传统法律文化的芜杂体系中，识别和遴选出能够化入现代司法过程的那些因素，如理念、原则、方法等，这是"创造性转化、创新性发展"的第一步。正如郝铁川所说，"创造性转化、创新性发

展"的基本含义应包括：一是对传统文化一分为二地区别精华与糟粕，准确识别何为优秀传统文化；二是必须使中华优秀文化与中国式现代化事业相适应。① 只有进行合理的识别和甄选，"创造性转化、创新性发展"才会走向正确的方向。合理的甄别应当坚持现实主义立场，即传统法律文化中的优秀因素应当具有转化到当下司法过程的潜质，不能简单地从该优秀因素体现了传统法律文化的特色，或者能够在当时的司法过程中取得良好的效果就认为是可以转化的优秀因素。现在学界对于传统法律文化有一种置于语境的同情式理解，认为只要符合古代社会的客观情势，某项制度或者原则就是好的。但问题是这种同情式理解未必能够作为创造性转化的基础。例如，明清的地方官员到任，按惯例要先到城隍庙烧香，斋戒宿庙，认为"治狱多阴德，子孙当有兴者"②，这样的迷信观念无疑能够促使司法官公正司法，但却很难转化到当下的司法过程中。

（二）契合

契合是指在具有创造性转化潜质的优秀法律文化因素中，寻找其与现代法治的契合点和融合点。在此需要摒弃中国传统法律文化与现代法治相对极的观点，因为这种对极性思维会导致两个错误：一是割裂传统与现代之间的关联，不能真实反映中国法治现代化进程的真实样态；二是在推进改革时会片面地用西方式法律制度或者理念来更新传统的模式，从而步入"全盘西化"的窠臼。如苏力所言，"不能仅满足于以西

---

① 郝铁川：《中华法系的创造性转化》，《东方法学》2022 年第 1 期。
② （宋）袁采：《袁氏世范》。

方的理论框架、概念、范畴和命题来研究中国问题，因为这样弄不好只会把中国人的经验装进西方的概念体系中，从而把对中国问题的研究变成一种文化殖民的工具"①。本书认为，中华优秀法律文化与现代法治之间并非对立关系，相反，它构成现代法治发展的丰富多样的"本土资源"。中华传统法律文化的特质使其超越了制度形态的狭隘作用空间，而成为一种穿越时空的力量。通过对中华法律文化与现代法治契合性的考察，我们将超越以西方模式为中心和唯一判断标准的研究范式，重新弥合传统与现代之间的鸿沟。

（三）融入

融入是指将甄选出来的、与现代法治精神相契合的中华传统法律文化中的优秀因素，以某种方式转化为现代的司法原则、制度和方法。正如林毓生所言："一个传统若有很大的转变潜能，在有利的历史适然条件之下，传统的符号及价值系统经过重新的解释与建构，会成为有利于变迁的'种子'，同时在变迁的过程中仍可维持文化的认同。在这种情形下，文化传统中的某些成分不但无损于创建一个富有活力的现代社会，反而对这种现代社会的创建提供有利的条件。"② 创造性转化是指用多元的思考模式将中国传统中的符号、思想、价值和行为模式加以适当的重组与改造，使之变成有利于变革的资源，同时在变革中得以继续保

---

① 苏力：《法学研究的规范化、法学传统与本土化》，载《法治及其本土资源》，中国政法大学出版社 1996 年版，第 217 页。

② 林毓生：《中国传统的创造性转化》（增订本），生活·读书·新知三联书店 2011年版，第 210 页。

持文化的认同。①

　　中国传统司法的法理与现代司法法理毕竟属于不同的话语体系。一些古代司法的原则或理念尽管与现代法治精神颇为契合,但是在将其融入现代司法过程时,仍然有必要进行一定的重组与改造,使之自然无痕地成为现代司法体系的组成部分。因此,融入的过程不是原封不动的消极性吸收,其必然包含着创造性发展的成分。这种重组与改造可采取不同的方式。其一,改变称名但维持内在法理的一致性,例如,古代司法中的"情法两尽"原则与当下"法律效果与社会效果"相统一原则虽称名不同,但法理相通。其二,将古代优秀的司法原则以精细化的方式渗透到当下的司法制度之中,例如,当前检察机关推行的少捕慎诉慎押刑事司法政策正是传统"慎刑"原则的创造性转化。检察机关根据我国新形势下犯罪结构的变化(轻罪案件居多)和社会控制能力增强的特点,将传统文化中的慎刑思想融会贯通,主张在审查逮捕环节严格审查逮捕必要性,在捕后的羁押必要性审查环节加强对羁押必要性的审查把关,力图降低羁押率。这些做法已经在刑事司法实践中取得成效,并将继续发挥更大作用。另外,也有学者认为,当前检察机关主导的涉案企业合规改革,体现了对企业生存发展和企业员工就业等民生权益的保护,也属于传统慎刑原则的创造性发展。②

---

① 许纪霖:《寻求意义:现代化变迁与文化批判》,上海三联书店1997年版,第214页。
② 张建伟:《"慎刑思想"从传统诉讼到现代司法的传承》,《人民检察》2022年第10期。

第四节 本书的结构

本书旨在揭示对当下的司法改革与创新有所促进的中华优秀法律文化因素。中华优秀法律文化源远流长，博大精深，内容极其丰富，难以尽述。因此，本书只能以"海边拾贝"的方式考察其中若干主要的司法原则、制度和方法，一方面对优秀法律文化作寻根溯源式的探讨，另一方面要结合当下实践揭示其时代价值和现实意义。鉴于这两者都需要统摄于中国特色社会主义司法制度的框架之下，因此本书的理论起点是习近平法治思想中的公正司法理念。本书的基本结构分为"两个层面"和"两个板块"："两个层面"指"总体理念"和"制度实践"，"两个板块"是指司法原则和诉讼过程；从宏观到微观，从抽象到具体，深入分析对中华优秀法律文化进行创造性转化的可能路径。

本书第一章为"公正司法理念的历史底蕴与时代内涵"，学习和领会习近平法治思想中涉及公正司法的部分，概括为八个方面的内容：司法为民，回应人民群众的公平正义期待；维护权利，发挥司法的定分止争功能；德法共治，将道德价值融入司法过程；崇尚和谐，推动矛盾纠纷源头化解；情法两尽，让司法判决走入人心；寓教于法，用司法导人向善；坚守良知，培育司法人员高尚人格；错案问责，以责任倒逼办案质量。

在第一章所述及的总体理念之下，第二、三、四章构成"司法原则板块",具体涉及中国古代"原情裁判""慎刑""宽猛相济"原则的探讨。第二章"原情裁判原则的现代司法价值"结合历史语境,考察了原情裁判原则与依法裁判原则此消彼长、相互交织最终相互融合的发展历程,分析了中国古代原情裁判原则的适用,进而揭示原情裁判原则的现代启示。第三章"慎刑原则的现代司法价值"探讨了慎刑思想成长为中华法系一以贯之法制原则的历程及其丰富的历史内涵,在此基础上,阐述了人民检察院和人民法院对慎刑原则的创新与发展,前者的范例为少捕慎诉慎押司法政策的提出,后者则表现为刑罚权的谦抑行使。第四章"宽猛相济原则的现代司法价值"剖析了宽猛相济在古代社会作为治国方略和司法原则的功能表现,阐述了当代宽严相济刑事政策对宽猛相济原则的承继关系,进而揭示了宽猛相济原则中仍然值得进一步汲取的深刻内涵。

第五、六、七章构成"司法制度与方法板块",具体涉及中国古代"息讼制度""审讯方法""判决叙事方法"的探讨。其中第五章"传统息讼实践的现代司法价值"梳理了从古代社会的无讼理想到息讼实践,再到新时代诉源治理思想的提出,进而具体考察了两个诉源治理的范例:一是旨在化解基层矛盾的"枫桥经验",二是旨在预防经济违法犯罪的企业合规。第六章"传统审讯方法的现代司法价值"介绍了因传统审讯方法得以产生的纠问式诉讼制度的背景,重点考察了五声听讼术、钩距诘问术、正谲合用术、辞物印证术、笔录质疑术等传统审讯方法,进而揭示了传统审讯方法的当代价值。第七章"传统判决叙事的现代司法价值"从现代叙事学理论来研究中国古代判词的特点、风格、形成、效果及其可借鉴意义，分析了当代司法判决中的道德叙事及相关争议，在此基础上，探讨了道德叙事融入判决说理的尺度。

第一章

公正司法理念的历史底蕴与时代内涵

　　司法公正是现代法治国家的核心原则。党的十八大以来，习近平提出了一系列关于公正司法的新思想新理念新战略，公正司法理念是习近平法治思想的重要构成。[①] 习近平多次用"生命线""最后一道防线"等来喻指司法公正，凸显了党和国家对司法公正的重视。在中国这样一个有着悠久历史的国度里，人们的司法公正观必然会受到传统法律文化的影响。中国共产党人秉持实事求是和为人民服务的精神，从我国的具体国情出发，正在开创一条具有中国特色的司法现代化道路，在理论上则创立了一种有中国特色的公正司法理论。这一理论不仅汲取了现代世界法治的有益成果，同时也必然蕴含着来源于中华优秀传统的优秀成分，展现了深厚的文化底蕴。习近平指出：社会主义建设"既向前看、准确判断中国特色社会主义发展趋势，又向后看、善于继承和弘扬中华优秀传统文化精华。"[②] "要注意研究我国古代法制传统和成败得失，挖掘和

---

① 姚莉：《习近平公正司法理念的内在逻辑及实践遵循》，《马克思主义与现实》2021年第4期。

② 习近平：《在哲学社会科学工作座谈会上的讲话》，《人民日报》2016年5月19日。

传承中华法律文化精华，汲取营养、择善而用。"① 在传承中华优秀法律文化方面，习近平法治思想中公正司法理念的形成正是来源于对传统法律文化中优秀因素的创造性转化和创造性发展。

第一节　司法为民，回应人民群众的公平正义期待

人民立场决定了中国特色社会主义司法制度的本质属性，是司法创新一以贯之的传统和底色。习近平强调，司法体制改革必须为了人民、依靠人民、造福人民。司法工作者应当"回应人民群众对司法公正公开的关注和期待"，"使群众由衷感到权益受到公平对待，利益得到有效维护"。党的二十大报告指出："加快建设公正高效权威的社会主义司法制度，努力让人民群众在每一个司法案件中感受到公平正义。"中国共产党将人民利益放在至高位置，保障人民当家作主的主体地位，这是中国式法治的制度优势。新时代的司法是"以人民为中心"的司法，归结到一点就是司法服务人民，也就是司法为民。

司法为民思想有着深刻的历史底蕴，是传统民本思想的创造性发展。中国古代的国家治理，向来注重以民为本。《尚书·五子之歌》中记载了大禹的告诫："民惟邦本，本固邦宁"。《尚书·泰誓》亦载："民之所欲，天必从之。"《管子·牧民》中说："政之所兴在顺民心，政之所废在逆民心。"中国古代民本思想对中国历史的发展有着深远的影响，

---

① 习近平：《论坚持全面依法治国》，中央文献出版社 2020 年版，第 111 页。

它对封建社会的社会矛盾中起到协调作用，使得广大人民在一定程度上能够安居乐业。但也应该看到，古代民本思想是为了巩固封建专制统治而提出的，没有超越封建社会的局限性，不可能从根本上保障人民群众的各项权利，因此需要在鉴别的基础上进行创造性的转化和发展。

习近平非常重视古代民本思想的传承与弘扬。他曾引用"乐民之乐者，民亦乐其乐；忧民之忧者，民亦忧其忧"①，以此表达为民办实事的重要性②。他也曾引用"民为贵，社稷次之，君为轻"来强调人民是国家的主人，干部是人民的公仆；而公仆对人民负责，天经地义，关系不能颠倒。③在继承传统民本思想合理内核时，习近平摒弃了其将人民仅视为统治对象而非国家主人的错误认知，从认识论的高度实现了历史性超越。立足新时代新形势，传统的民本思想被转化为"以人民为中心"的司法理念，形成了鲜明的时代特色。具体表现在以下四个方面：

第一，司法应当不断满足人民群众对公平正义的需求。

在当下中国，人民群众的司法需求日益增长，但司法工作或司法机关所能提供的服务却不能满足这种需求，二者之间的矛盾可谓当代司法的主要矛盾。司法改革的目标就是要解决人民群众司法需求与司法能力之间的不匹配矛盾。习近平指出，中国特色社会主义进入新时代，人民美好生活需要日益广泛，"不仅对物质文化生活提出了更高要求，而且

①　《孟子·梁惠王下》。
②　习近平：《之江新语》，浙江人民出版社 2007 年版，第 247 页。
③　中共中央纪律检查委员会、中共中央文献研究室编：《习近平关于党风廉政建设和反腐败斗争论述摘编》，中央文献出版社、中国方正出版社 2015 年版，第 140 页。

在民主、法治、公平、正义、安全、环境等方面的要求日益增长。"① 因此，司法机关应积极回应人民群众新要求新期待，坚持问题导向、目标导向，树立辩证思维和全局观念，系统研究谋划和解决法治领域人民群众反映强烈的突出问题，要特别关注社会弱势群体的特殊保护，妥善解决教育、就业、医疗、社会保障等领域矛盾纠纷，不断增强人民群众获得感、幸福感、安全感，用法治保障人民安居乐业。

第二，司法应当切实保障人民群众的各项权利。

习近平高度重视对群众合法权益的保护，他指出："要重点解决好损害群众权益的突出问题，决不允许对群众的报警求助置之不理，决不允许让普通群众打不起官司，决不允许滥用权力侵犯群众合法权益，决不允许执法犯法造成冤假错案。"② 司法机关应当贯彻和落实党的政策文件中有关加强人权司法保障的各项规定，切实保障诉讼过程中各方当事人和其他诉讼参与人的知情权、辩护权、辩论权、申诉权等权益；维护人民权益、化解矛盾纠纷，及时纠正冤假错案，从而使群众由衷感到权益受到公平对待，利益得到有效维护。

第三，司法的运行应当依靠人民群众。

习近平说："司法工作者要密切联系群众，规范司法行为，加大司法公开力度，回应人民群众对司法公正公开的关注和期待。"③ 密切联系

---

① 习近平：《决胜全面建成小康社会 夺取新时代中国特色社会主义伟大胜利——在中国共产党第十九次全国代表大会上的报告》，人民出版社 2017 年版，第 11 页。
② 《习近平谈治国理政》，外文出版社 2018 年版，第 148 页。
③ 同上书，第 145 页。

群众是党的优良作风，应当将其贯彻到司法工作之中。首先，要广泛听取人民群众意见，通过深入了解一线司法实际情况、了解人民群众到底在期待什么。其次，要构建开放、动态、透明、便民的阳光司法机制，让司法权在阳光下运行，杜绝任何形式的暗箱操作，在人民群众心目中树立司法公信力。最后，要保障人民群众参与司法，通过完善人民陪审员制度，保障公民陪审权利，推进司法民主。

第四，司法的效果应当交由人民群众来评判。

习近平说："努力让人民群众在每一项法律制度、每一个执法决定、每一宗司法案件中都感受到公平正义。"[1] 无论是司法体制改革，还是个案法律适用，都要接受人民群众的评判，并把人民群众拥护不拥护、赞成不赞成作为衡量司法工作得失的根本标准。案件的审理与判决既要注重法律效果，也要注重社会效果。法律效果体现了普遍人民意志在个案中的落实，社会效果反映了人民群众基于特殊情境的主观评价，司法人员应当协调两者之间的关系，善于运用利益衡量、漏洞填补等司法方法实现裁判的妥当性，保证法律的正确适用和案件的妥当裁判，实现走入人心的司法公正。

可见，新时代的公正司法是以"人民司法"为底色的，"从群众中来，到群众中去"既是中国共产党的基本路线，也是司法工作的指导方针。司法为民被确定为司法工作的主线，并以此为出发点，着力解决影

---

[1] 习近平：《论坚持全面依法治国》，中央文献出版社 2020 年版，第 229 页。

响司法公正、制约司法能力的深层次问题，确保人民法院依法独立公正行使审判权，不断提高司法公信力，促进国家治理体系和治理能力现代化。[1] 为此，司法机关要将人民群众的根本利益作为法院工作的出发点、落脚点，始终将人民群众是否拥护、是否赞成和是否满意作为衡量司法工作质量的主要标准，及时回应人民群众的司法需求，使人民群众在每一个案件都感受到公平正义是新时代司法工作的应有之义。

第二节　维护权利，发挥司法的定分止争功能

习近平指出："所谓公正司法，就是受到侵害的权利一定会得到保护和救济，违法犯罪活动一定要受到制裁和惩罚。如果人民群众通过司法程序不能保证自己的合法权利，那司法就没有公信力，人民群众也不会相信司法。法律本来应该具有定分止争的功能，司法审判本来应该具有终局性的作用，如果司法不公、人心不服，这些功能就难以实现。"[2] 这句话透彻地论证了实现司法公正的一种深层机理，即在案件办理中协调好司法目的与功能之间的关系。保障权利是司法的基本目的，定分止争是司法的主要功能。两者之间是相辅相成、相互促进的关系。只有保障好权利，才能有效地定分止争；也只有定分好止争，才能有效地保障权利。

---

① 最高人民法院：《关于全面深化人民法院改革的意见》，载中华人民共和国最高人民法院网站 https://www.court.gov.cn/shenpan/xiangqing/13520.html，2015 年 2 月 16 日。
② 习近平：《论坚持全面依法治国》，中央文献出版社 2020 年版，第 55 页。

西方法学虽然重视公民权利，但往往孤立地看待其保障的过程，因此，在司法中协调权利保障与定分止争关系这一思想汲取了中华优秀法律文化的经验和智慧。中国古代没有"公民"这个概念，也不存在现代意义上的"权利"。"权"与"利"的合称出现于西汉桓宽的《盐铁论》："观乎公卿、文学、贤良之论，意指殊路，各有所出，或上仁义，或务权利。"其中的"权利"与"仁义"相对，指的是权能和利益，并不具有现代"权利"概念的自由与正当之意。但这并不意味着中国古代的人民不享有任何实质上的权益。在历史上，中国百姓的基本权益得到了习俗或制度上的维护。例如，中国古代虽然有官方崇拜和祭祀制度，但是对于百姓的个人信仰却没有强制或禁止；百姓可以自由选择信奉儒家、道家、佛教等各种思想或宗教，只要不违反国家法律和社会秩序，就不会受到干涉或迫害。又如，百姓也可以通过田赋制度、均田制度等方式保障自己的土地所有权。再如，百姓在遭遇不公正或不合理的待遇时，可以通过诉讼或上访等方式向上级或中央政府寻求救济或申冤。

中国古代司法的特色之一在于司法官员往往将维护百姓权益与定分止争结合起来。定分止争有两层含义：一是定分，即明确权利和义务及其各自的界限，理顺各自的利益关系；二是止争，即缓解或消除利益冲突，根本性地平息争端。定分止争是法律和司法的重要功能之一，它指的是通过法律的规范和司法的裁判，明确权利义务关系，确定权利归属，防止和解决社会矛盾纠纷，维护社会秩序和公平正义。为了达到这一目的，中国古代官员在处理民间纠纷时，不仅遵守国家的法律和政策，还兼顾礼教和情理，以达到和谐社会的目标；同时，不仅注重审判和裁决，还重视调解和教化，以达到减少诉讼的目的。

在司法中将保障权利与定分止争结合起来，有助于从根本上解决纠纷，维护百姓的实际权益，这给当代司法带来有益的启示。司法中解决社会争端的原则是定分止争，即通过司法活动，确定权利归属和责任承担，解决社会纠纷和矛盾，维护社会秩序和和谐。定分止争要求司法既要尊重个人的合法权利，也要分析权利冲突的原因，考虑权利实现的具体语境，以求从根本上止息争端。首先，公民权利的保障和救济是司法活动的出发点和落脚点。司法公正的实现，离不开对每一个案件当事人和其他诉讼参与人的合理对待和平等保护，离不开对每一个案件事实和证据的客观审查和合理裁判，离不开对每一个案件程序和规则的严格遵守和有效执行。其次，权利冲突往往是由于当事人之间的利益分配、责任认定等实质性问题引起的，找到引发纠纷的源头有助于澄清事实、分清是非、明确法律依据，确定权利归属和责任承担，从根本上解决争议和纠纷。最后，个人权利的实现往往与一定的社会环境相结合，个人权利如果遭到侵害也需放在一定语境中才能更好地解决，个人权利如果遭到侵害，就需要在一定语境中寻求有效的解决办法，如此才能实质性地解决纠纷，将权利的保障真正落到实处。

第三节　德法共治，将道德价值融入司法过程

习近平对于法律与道德的关系有着深刻的认识，他说："法律是成

文的道德，道德是内心的法律，法律和道德都具有规范社会行为、维护社会秩序的作用。"[1] 法律和道德在功能上有各自的侧重："法安天下，德润人心。"[2] 两者之间的关系是相辅相成的。一方面，"道德是法律的基础，只有那些合乎道德、具有深厚道德基础的法律才能为更多人所自觉遵行"[3]。另一方面，"以法治承载道德理念，道德才有可靠制度支撑"[4]。在法律实践中，要"把法治建设和道德建设紧密结合起来，把他律和自律紧密结合起来，做到法治和德治相辅相成、相互促进"[5]。党的二十大报告延续了"依法治国和以德治国相结合"的治国理念，明确要求"把社会主义核心价值观融入法治建设"。这是一种具有鲜明中国特色的"德法共治"模式。作为法治建设的核心环节之一，司法过程除了应秉持依法裁判原则之外，还应当重视优秀道德价值观的融入。

中华文明绵延数千年，有其独特的价值体系。汉代以降，在董仲舒等人的推动下，武帝开启了"罢黜百家、独尊儒术"的时代，儒家的伦理道德，逐渐构成了中国社会的主流价值。统治者奉行礼法合治、德主刑辅思想。司法者通过"引经决狱"，将儒家经义嵌入司法判决中，使裁判结果符合儒家价值观，从而形成了具有中国特色的德法协调式司法。特点有三：一是以德为本，强调道德教化的作用。中国古代先贤认

---

[1]　习近平：《论坚持全面依法治国》，中央文献出版社 2020 年版，第 109 页。

[2]　同上书，第 165 页。

[3]　同上书，第 109 页。

[4]　同上书，第 166 页。

[5]　同上书，第 24 页。

为，道德是治国安邦的根本，司法活动应该以道德为指导，通过教化和惩戒相结合的方式，使犯罪者改过自新，使社会秩序恢复和谐。例如，《周礼》中说："以圜土聚教罢民，凡害人者，寘之圜土而施职事焉，以明刑耻之，其能改者，反于中国，不齿三年。其不能改而出圜土者杀。"[1] 二是以礼为纲，强调礼仪规范的约束。古人认为，礼是法之大分，天之纲纪，司法活动应该遵循礼仪规范，维护君臣、父子、兄弟、夫妻等关系的和睦。三是以情为度，强调人情情理的考量。古人认为，法不外乎人情，司法活动应该考虑人性和人情的因素，灵活运用宽严相济、从轻从重等手段，使刑罚既能体现法律的公正性和权威性，又能体现人道的仁慈性和温情性。如果摒弃礼制中有关等级特权方面的落后因素，这种德法协调式司法对当代仍然具有借鉴价值。

中华优秀传统文化正是涵养当代社会主义核心价值观的重要源泉。习近平指出："我们提倡的社会主义核心价值观，就充分体现了对中华优秀传统文化的传承和升华。"[2] 党的十八大提出，"倡导富强、民主、文明、和谐，倡导自由、平等、公正、法治，倡导爱国、敬业、诚信、友善，积极培育和践行社会主义核心价值观"[3]。社会主义核心价值观围绕国家、社会、个人三个层面展开，三个层次互为依托、相互融合，高

---

[1] 《周礼·秋官司寇第五·大司寇》。

[2] 《习近平谈治国理政》，外文出版社 2018 年版，第 171 页。

[3] 中共中央文献研究室编：《十八大以来重要文献选编》（上），中央文献出版社 2014 年版，第 578 页。

度凝练了社会主义核心价值体系的内涵标准和实践要求。习近平指出："一种价值观要真正发挥作用，必须融入社会生活，让人们在实践中感知它、领悟它。"① 在现代国家的权力分工体系中，司法机关担负着执法办案、定分止争、惩恶扬善、维护正义的重要使命。通过法律的适用，弘扬社会主义核心价值观，促进全社会不断提高道德建设水平，是司法机关义不容辞的责任。公正高效权威的司法是社会主义核心价值观融入法治建设的重要保障，是推动社会主义核心价值观落地生根的关键场域。

弘扬传达社会主义核心价值观为司法人员设定了更高的站位与责任，即司法工作不能仅仅局限于解释法律法规，而应当同时在社会道德文明的建设方面有所担当；不单用法律对当事人进行行为层面的规制，更要在精神层面上来引导人们的价值取向。为此，司法机关应摒弃机械司法、就案办案的思维，善于运用各种法律解释和论证方法，深入探究立法背后的道德考量和价值功能，尽力弥补法律本身的不足，避免情与法之间的冲突，弥合情与法之间的罅隙，努力实现情与法之间的融会贯通。在释法说理的环节，司法人员应当善于运用社会主义核心价值观阐述裁判依据和裁判理由，使裁判结果既符合法律规范，又体现社会公平正义，以达到引导人们价值取向的功效。在效果论上，符合社会普遍道德和正义感的司法裁决更容易赢得社会公众的接纳，能够实质性地增强

---

① 《习近平谈治国理政》，外文出版社 2018 年版，第 165 页。

司法机关的公信力。

第四节　崇尚和谐，推动矛盾纠纷源头化解

党的十八大以来，以习近平同志为核心的党中央高度重视纠纷源头化解工作。习近平强调，法治建设既要抓末端、治已病，更要抓前端、治未病。[①]2021 年 2 月，中央深改委第十八次会议审议通过了《关于加强诉源治理推动矛盾纠纷源头化解的意见》，将诉源治理上升为国家社会治理领域的重要制度安排，要求各级司法机关承担着纠纷化解的重要职责，推动更多法治力量向引导和疏导端用力。党的二十大报告指出，完善正确处理新形势下人民内部矛盾机制，及时把矛盾纠纷化解在基层、化解在萌芽状态。诉源治理体现了司法制度和权能的具体化和精细化发展，是司法机关助力国家治理体系和治理能力现代化的重要举措，其实也是对中华优秀法律文化中和谐司法理念的创造性发展。

在中国，和谐自古以来就是中华文明遵循的核心价值理念。春秋时期，管子就提出："畜之以道，则民和；养之以德，则民合。和合故能谐，谐故能辑，谐辑以悉，莫之能伤。"[②]孔子云："礼之用，和为贵，先王之道，斯为美"[③]；"君子和而不同，小人同而不和"[④]。"和"指有

---

① 习近平：《坚定不移走中国特色社会主义法治道路　为全面建设社会主义现代化国家提供有力法治保障》，《求是》2021 年第 5 期。
② 《管子·兵法》。
③ 《论语·学而》。
④ 《论语·子路》。

差别的统一;"谐"指各要素配合得当。儒家思想之"和",并不是排斥个性特色,而是一个通过和谐并且承认、尊重个体元素差异性的整体系统,"和"包含着不同主体平等对待、相互尊重的伦理准则。"和谐"也是中国古代法制所追求的核心目标,和谐观广泛运用于古代诉讼之中。孔子云:"听讼,吾犹人也,必也使无讼乎。"①孔子的"无讼"思想包含两个方面:一是主张民间亲邻之间以礼让待人,尽量减少纠纷的发生;二是即使纠纷不可避免,也尽量以调息的手段解决诉讼。《孔子家语》中记载了孔子担任鲁国大司寇时的一则调解案例:"孔子为鲁大司寇,有父子讼者,夫子同狴执之,三月不别。其父请止,夫子赦之焉。"②这个案例道出孔子"无讼"思想的真谛在于通过调解来息事宁人,和谐家庭和社会,孔子以自己的身体力行为后世的调解起了示范作用。

司法程序的启动往往意味着纠纷已经发生,这属于典型的末端治理,如何进行有效的前期治理包含着丰富的实践智慧。司法活动的难点是要在利益相互冲突的当事人之间如何实现和谐。利益冲突是指当事人之间因为利益分配、目标追求、价值观念等方面的差异而产生的矛盾和对抗。在相互冲突的当事人之间实现利益的和谐,需要正确认识和分析冲突的本质、原因、程度和影响,避免将冲突简单化或复杂化。

首先,纠纷的有效化解要求司法人员了解利益冲突的不同类型。根

---

① 《论语·颜渊》。
② 《孔子家语·始诛》。

据性质的不同，冲突可以分为实质性冲突和非实质性冲突。前者是指当事人之间因为利益、权利、义务、责任等方面的差异而产生的冲突，非实质性冲突是指当事人之间因为情感、态度等方面的差异而产生的冲突；根据主体的不同，冲突又可以分为个人冲突、群体冲突和组织冲突。个人冲突是指个人与个人之间的冲突，如夫妻离婚案、邻居打架案等。群体冲突是指群体与群体之间的冲突，如民族纠纷、宗教纠纷等。组织冲突是指组织与组织之间的冲突，如企业竞争案等。

其次，纠纷的有效化解要求司法人员探察各方当事人产生矛盾的原因或根源。冲突的原因可以分为内部原因和外部原因。内部原因是指当事人自身的心理、情绪、认知、行为等因素导致的冲突，如偏见、误解、沟通不畅、情绪失控等。外部原因是指当事人所处的环境、制度、规则等因素导致的冲突，如资源稀缺、利益分配不公、法律规定不明确等。

最后，纠纷的有效化解要求司法人员根据不同的冲突类型和问题原因，采取合适的冲突解决策略。一般来说，合作策略是最能实现双赢和和谐的方法，它要求双方以合作的态度和开放式对话来寻找共同利益点和创造性解决方案。在一些特殊情况下，其他策略也可能有其效用。如在无关紧要或无法解决的情况下，回避策略可能是明智的；在势均力敌或时间有限的情况下，妥协策略可能会取得最佳的效果。

崇尚和谐是中国传统法律文化的内涵之一，但同样也是当今社会的价值追求。党中央将诉源治理作为一项司法政策提出，正是结合新形势对这一价值理念的创造性发展。推动矛盾纠纷源头化解应当法治的框架内开展，应当遵循以下三个原则：一是以事实为依据，不偏信不偏听；二是以法律为准绳，不超越法律规定的权限和程序，不以情用法；三是以保障权利为中心，不忽视当事人的合法诉求和合理期待，不损害当事人的合法权益。

第五节　情法两尽，让司法判决走入人心

2012 年 12 月 4 日，在首都各界纪念现行宪法公布施行 30 周年大会上，习近平说："我们要依法公正对待人民群众的诉求，努力让人民群众在每一个司法案件中都能感受到公平正义，决不能让不公正的审判伤害人民群众感情，损害人民群众权益。只有公正司法，才能使人们正当的利益诉求通过司法裁判而得以落实；也只有实现了公正司法，人们才可以真正感知来自司法的公平正义。"[1] 那么，法官如何在司法中让人民群众感受到公平正义？习近平说："一纸判决，或许能够给当事人正义，却不一定能解开当事人的'心结'，'心结'没有解开，案件也就没有真正了结。"[2] 意思是，法官司法并非单纯地根据法律作出裁判即可，还必须考虑人心、人情，要为当事人解开心结。这正是对中国古代的"情理法"司法模式的精辟总结。它要求法官发挥更为能动的作用，既

① 中共中央文献研究室编：《十八大以来重要文献选编》（上），中央文献出版社 2014 年版，第 91 页。
② 习近平：《论坚持全面依法治国》，中央文献出版社 2020 年版，第 23 页。

要释明法理，又要讲明情理；既体现法的力度，又体现法理情交融的温度，从而为当事人解开心结，在根本上解决争议。

在中国，情理是一个源远流长和含义丰富的概念。它可以作拆分式理解："情"是指人情，亦即社会成员基于伦理原则而形成的权利义务关系。[①]"理"是指天理，亦即思考问题时所遵循的对同类事物普遍适用的道理。[②]合并起来，情理本质上是含从常理角度思考案情时所具有的更世俗、更实际的道德含义[③]，简单说来就是"常识性的正义衡平感觉"[④]，其道德性是不言而喻的。在司法中兼顾情理与法理植根于中国古代的司法实践。南宋官员胡石壁云："法意，人情，实同为一体。徇人情而违法意，不可也；守法意而拂人情亦不可也。权衡于二者之间，使上不违于法意，下不拂于人情，则通行而不弊矣。"[⑤]这里所描述的正是在司法中准情用法，融通法意与人情的过程。

中国古代的情理法体现了中国传统文化崇尚"和谐"的理想，它既体现了中国传统法律文化的特色和价值，也展示了中国古代司法者的智

---

① 张晋藩：《中国法律的传统与近代转型》，法律出版社 1997 年版，第 40 页。
② ［日］滋贺秀三、寺田浩明、岸本美绪、夫马进：《明清时期的民事审判与民间契约》，王亚新、范愉、陈少峰译，法律出版社 1998 年版，第 36 页。
③ 黄宗智：《民事审判与民间调解：清代的表达与实践》，中国社会科学出版社 1998 年版，第 201 页。
④ ［日］滋贺秀三、寺田浩明、岸本美绪、夫马进：《明清时期的民事审判与民间契约》，王亚新、范愉、陈少峰译，法律出版社 1998 年版，第 13 页。
⑤ 中国社会科学院历史研究所宋辽金元史研究室点校：《名公书判清明集》卷九"户婚门·典卖田业合照当来交易或见钱或钱会中半收赎"，中华书局 2002 年版，第 311 页。

慧和创造力。它不仅维护了社会秩序和道德秩序，也提升了司法公信度和效率，也促进了人性化和人道化的司法。西方概念法学主张法官只能成为拘泥法条的"判决售货机"，实践已经证明这种判决模式难以保证司法的社会效果。而"情法两尽"则对司法活动提出了更高的要求。

首先，司法人员应当明确"法"和"情"的内涵及其使用界限。"法"既包括法律的明确规定，也包括法律的内在规律和精神，它体现了法律的规范性和强制性，是司法裁判的直接依据。"情"是指人之常情和社会情理，它体现了民众的感情和价值观，是司法裁判的重要考量。两者既有区别又有联系，既不能相互取代也不能相互排斥，而应相互协调和补充。所应注意的是，司法人员应当运用成熟定型的现代法治思维，防止产生以情变法、情重于法的现象。

其次，要实现司法中法意与人情的融合，需要采取适当的法律解释方法和技巧。除了常规的文义解释和逻辑推理之外，司法人员还要善于运用以下几种司法方法和技巧：

一是运用体系解释和目的解释，使法律条文与社会情理相协调。体系解释是指根据法律体系内部的逻辑关系来解释法律条文，使之符合上位法、同位法、下位法之间的一致性。目的解释是指根据立法目的和立法精神来解释法律条文，使之符合立法者的本意。运用这两种解释方法，可以避免对法律条文进行机械化、形式化、绝对化的适用，而是根据具体案件的情况和社会发展的需要，寻找最符合公平正义和社会效益的解释结果。

二是适当运用裁量权和变通权，使司法裁判与民众感情相顺应。裁量权是指司法者在适用法律时根据具体案件的情况，在一定范围内自主选择或决定适用哪一种或哪几种规则、如何适用规则、如何确定刑罚等权利。变通权是指司法者在适用法律时根据具体案件的特殊性，在不违反上位法原则和立法目的的前提下，对下位法或分则进行必要的调整或补充。运用这两种权力，可以避免对案件进行刻板、僵化、死板的处理，而是根据当事人的诉求和社会舆论的反馈，作出更灵活、更人性化、更有温度的裁判。

第六节　寓教于法，用司法导人向善

习近平深刻地认识到中华传统文化的内在精神力量，他说："我国现代化是物质文明和精神文明相协调的现代化。我国现代化坚持社会主义核心价值观，加强理想信念教育，弘扬中华优秀传统文化，增强人民精神力量，促进物的全面丰富和人的全面发展。"[1]党的二十大报告指出："坚持依法治国和以德治国相结合，把社会主义核心价值观融入法治建设、融入社会发展、融入日常生活。""弘扬社会主义法治精神，传承中华优秀传统法律文化，引导全体人民做社会主义法治的忠实崇尚者、自觉遵守者、坚定捍卫者。"这些论述将定分止争的"法"与导人向善的"教"有机地统一起来了。在现代社会，现代政治生活的主要力

---

[1]《中共中央关于制定国民经济和社会发展第十四个五年规划和二〇三五年远景目标的建议》，人民出版社 2020 年版。

量是公权力机关，公权力的行使并不是单纯的管理行为，它也是履行其公共道德责任的一种方式。我国司法历来强调人民性，这不仅是党的群众路线在司法活动中的落实，同时也是维护政治合法性的一种实践；寻求人民群众的支持，需要以道德上的正当性作为保障。倡导正面的价值观，引导民众的积极行为，促使良善社会风尚的形成，这是司法机关的新时代履行政治责任与公共道德责任的重要路径。

古代中国人的世界观实际上是道德观，道德是传统中国法秩序的正当性基石。自古以来，中国政治生活中就突出道德治理和教化的作用。《尚书·大禹谟》云："汝作士，明于五刑，以弼五教，期于予治"，将"明刑弼教"作为法官的基本要求。孟子云："善政不如善教之得民也"，"教之不改而后诛之"。荀子亦云："不教而诛，则刑繁而邪不胜。"这是强调法律的目的不仅在于惩罚罪犯，更在于提高民众的道德素养。美国学者费正清认为："儒家在多数帝国的统治者们主要依靠宗教权威的时候，却为当朝的政权提供一种合乎理性的道德权威，以行使他们的权力，这是一个伟大的政治发明。"① 由于传统文化的影响，道德在中国人的生活中处于很高的位置。在这种观念氛围中，司法既是一种法律实践，也是一种道德实践。司法不仅要解决纠纷，更需要承担道德教化的功能。就此而论，在司法过程中，法官不能仅是个被动的法律适用者，他还需要占据道德制高点；判决不仅要有法律的强制效力，更要

---

① 　周奋进：《转型期的行政伦理》，中国审计出版社 2010 年版，第 236 页。

有道德上的示范作用。总体而言，中国古代先贤主张类似于近代教育刑论的"寓教于法"观。用刑的目的在于彰善瘅恶，而不是一味地进行处罚，而教化亦成为晓谕法理的重要策略。司法者不仅是法条的适用者，更要将善良观念与法律意识以引导灌输、潜移默化的方式转化为人们的思想。在这方面，中国古代法官有很多卓有成效的经验，值得当代司法的汲取。

在司法中寓教于法，就是指在司法实践中，通过对当事人和社会公众的教育和引导，使他们不仅能够理解和接受法律的规范性和强制性，而且能够认同和尊重法律的价值和正义，从而达到预防和减少违法犯罪，维护社会秩序的目的。在当下的司法实践中，正是由于对中华优秀法律文化的传承，寓教于法的做法已有较广泛的运用。以下举两例加以说明：

其一，侵害英雄烈士名誉、荣誉罪的适用。英雄烈士是国家和民族的尊严和骄傲，是社会主义核心价值观的重要体现，是社会公共利益的重要组成部分。侵害英雄烈士名誉、荣誉的行为，不仅伤害了英雄烈士及其近亲属的合法权益，也损害了社会公共利益，影响了社会公序良俗，破坏了社会主义精神文明建设，危害了国家安全和社会稳定。2022年12月，最高人民法院发布了涉英烈权益保护十大典型案例。司法机关依据《中华人民共和国刑法》第299条之一、《中华人民共和国英雄烈士保护法》等相关法律法规，对侵害英雄烈士名誉、荣誉的行为予以严惩；对于情节严重，达到入罪标准的案件依法追究刑事责任，对没有主观恶意，仅因模糊认识、好奇等原因而发帖、评论的人员，或者行为人系在校学生、未成年人的人员，则以教育转化为主；对认罪悔罪，并主动删除相关信息、公开道歉、赔偿损失等采取积极补救措施的人员，从轻或者减轻处罚。总体上取得了良好的社会效果，引导广大人民群众尊崇英雄、学习英雄、关爱英雄、弘扬英雄精神。

其二，未成年人犯罪的处置。根据刑法第 17 条规定，已满 16 周岁不满 18 周岁的人犯罪，应当依法追究刑事责任。司法机关在处置未成年人犯罪时采取教育与惩罚相结合的原则，坚持"教育为主、惩罚为辅"的方针，在具体考虑未成年人实施犯罪的动机和目的、犯罪性质、情节和社会危害程度的同时，还充分考虑其是否属于初犯，归案后是否悔罪，以及个人成长经历和一贯表现等因素。在处置方式上，对未成年人实施有利于其身心健康发展和社会适应的保护处分，如劝诫、监护、收容教养等。同时，强化家庭、学校、社会等各方面的教育责任，加强对未成年人的价值观教育、法治教育、心理健康教育等，培养未成年人良好品行和法治观念，提高未成年人自我管控能力和抵御违法犯罪的能力。并且，实施个性化和分类化的教育措施，根据未成年人不同年龄、性别、文化程度、心理特点、犯罪类型等因素，制定适合其特点和需要的教育方案，采取多种形式和方法进行教育引导。

从本质上说，法治是一项以人为起点并以人为归宿的事业，"寓教于法、导人向善"是传统文化留给我们的宝贵精神财富，应当在现代司法中发扬光大。

第七节　坚守良知，培育司法人员高尚人格

　　司法人员是公平正义的捍卫者，应当具有高尚的道德素质。2018年3月10日上午，习近平在参加十三届全国人大一次会议重庆代表团审议时强调："领导干部要讲政德。政德是整个社会道德建设的风向标。立政德，就要明大德、守公德、严私德。"这虽然讲的是领导干部的作风问题，但其实也是对司法人员提出的要求。对司法人员，习近平还特别提出了"坚守良知"的要求。2014年1月7日，习近平在中央政法工作会议上指出："执法不严、司法不公，一个重要原因是少数干警缺乏应有的职业良知"；"心中一点职业良知都没有，甚至连做人的良知都没有，那怎么可能做好工作呢？"司法人员可以从中华传统思想中汲取养分，他说："中国历史上的思想家大都把良心看作是一个包括理性、情感、意志、信念等种种道德意识成分的整体。孔子之'仁'，孟子之'诚'，颜渊之'乐'，曾参之'孝'等等，无不具有'良心'的含意。"因此，司法人员应当"算好'良心账'，坚持良知原则。"

　　在中国历史上，古人很早形成了一种理念，即法律秩序统一于"良人"。《尚书·吕刑》云："非佞折狱，惟良折狱，罔非在中。""良"是指"良人"，即品格高尚、德行端正的人；惟良折狱，是司法"中正"的关键之所在。在中国古代的人治语境中，由"良人"适法无疑是将公平正义运送到具体案件的主要路径，因此，选择"良人"成为司法官就

显得尤为重要了。如刘安所说："故法虽在，必待圣而后治。"① 古代先贤从不同的侧面描述"良人"所应具备的素质，诸葛亮云："吾心如秤，不能为人作轻重"②，说的是司法人员应当忠于职守、秉公办案；董仲舒云："至清廉平，赇遗不受，请谒不听，据法听讼，无有所阿"③，说的是司法人员应当清廉刚正、不徇私情；孔子云："善人为邦百年，亦可以胜残去杀"④，说的是司法人员应当谨慎用刑、感化为本；墨子云："赏当贤，罚当暴。不杀无辜，不失有罪"⑤，说的是司法人员应当明察秋毫、不枉不纵。早期文献大都将"良人"与一定的身份相联系，随着儒家思想的演化，尤其是王阳明心学提出"致良知"之说，强调良知"人皆有之""不假外求""非由外铄"，是一种道德自觉之后，则转而明确每一位司法者都有忠于良知的义务，应以良知司法实现善治。

在现代社会，司法人员对良知的信守仍然是公正司法的基本保障。"有良心的司法者"应当成为每一名法官或检察官的道德自觉。概而言之，"有良心的司法者"应当具有以下特征：

其一，忠于职守，秉公办案。"有良心的司法者"应当严格遵守法律法规，依法履行职责，不受任何干预和影响，根据案件的具体情况和事实，客观公正地审理和裁判，不偏袒任何一方，不滥用权力，不枉法

---

① 《淮南子·泰族训》。
② 《太平御览·人事部七十·公平》。
③ 《春秋繁露·五行相生》。
④ 《论语·子路第十三》。
⑤ 《墨子·尚同中》。

裁判，不滥用刑罚，这是秉公办案的基本原则，也是实现司法公正和社会正义的基本原则。

其二，刚正不阿，不徇私情。"有良心的司法者"应排除各种偏见、好恶、利益诱惑等干扰因素，力戒主观主义、形式主义、官僚主义等错误作风，根据事实和法律作出司法判断。"有良心的司法者"要惩恶扬善、弘扬正气，敢于对抗不正之风和不法之徒，敢于向权力说不、向金钱说不、向人情说不、向不良舆论说不。

其三，勤勉尽责，精益求精。"有良心的司法者"要不断提高业务能力和水平，运用科学的方法和手段查明事实、认定证据、适用法律、裁量刑罚。"有良心的司法者"要积极推进案件信息公开、庭审直播、裁判文书网等制度建设，主动接受社会各界的监督和评价。

其四，尊重人权，敬畏民意。"有良心的司法者"应保障当事人在诉讼程序中依法充分行使诉讼权利，承担诉讼义务；运用体系解释和目的解释，使法律条文与法律精神、社会情理相协调，在法律许可的范围内基于善意和良知运用裁量权和变通权，使司法裁判不违法意亦顺乎人情，从而得到社会的广泛认可。

第八节　错案问责，以责任倒逼办案质量

党的二十大报告明确提出，"深化司法体制综合配套改革，全面准确落实司法责任制，加快建设公正高效权威的社会主义司法制度"。司法责任制建设是司法体制改革的核心环节，是公正高效权威社会主义司

法制度的基础工程。习近平对此有着深刻的认识，他强调："要紧紧牵住司法责任制这个'牛鼻子'，凡是进入法官、检察官员额的，要在司法一线办案，对案件质量终身负责。"①十八届四中全会《决定》提出："明确各类司法人员工作职责、工作流程、工作标准，实行办案质量终身负责制和错案责任倒查问责制，确保案件处理经得起法律和历史检验"，"司法机关内部人员不得违反规定干预其他人员正在办理的案件，建立司法机关内部人员过问案件的记录制度和责任追究制度。完善主审法官、合议庭、主任检察官、主办侦查员办案责任制，落实谁办案谁负责"。②党的十九大作出了"深化司法体制综合配套改革，全面落实司法责任制"的重大战略部署，司法责任制改革进一步深化发展。2018 年全国人大常委会修订《人民法院组织法》与《人民检察院组织法》，吸纳司法责任制条款，使之正式成为立法确认的制度性规定。党的二十大报告中提出要"全面准确落实司法责任制"，对司法责任制改革提出了更高要求。

加强司法责任是中华传统法律文化的优秀经验。关于司法责任最早的记载可见于《尚书·吕刑》中的"五过之疵"：法官审判案件，如因依仗官势（惟官）、私报恩怨（惟反）、受家属牵制（惟内）、勒索财贿（惟货）、请托说情（惟来），导致影响案件的正确处理，要处以与所断

---

① 习近平：《论坚持全面依法治国》，中央文献出版社 2020 年版，第 147 页。
② 《中共中央关于全面推进依法治国若干重大问题的决定》，人民出版社 2014 年版，第 22—23 页。

罪相同的刑罚。^①秦朝的法律对法官的错判，区分了故意和过失两类不同的情况。故意错判又分为"不直"和"纵囚"。依据秦简《法律答问》所载：罪应重而故意轻判，应轻而故意重判，称为"不直"。应当论罪而故意不论罪，以及减轻案情，故意使罪犯够不上判罪标准，于是判他无罪，称为"纵囚"。^②不论是"不直"还是"纵囚"，都要负刑事责任，如史料所载："适治狱吏不直者，筑长城及南越地。"^③唐代以后的司法责任制度更为完善，具体包括：（1）故意出入人罪，全出全入的，以全罪论。（2）故意从轻入重，或从重入轻，原则上以所剩论，即以所增减的刑罚论。（3）因过失而出入人罪的，失于入罪的，各减三等；失于出罪的，各减五等。（4）错判而未执行的，即入罪未决，出罪未放的；或已执行而后果不严重的，即已放而又捕回，或囚犯自死者，各减一等。（5）案件如由官府中几个官吏连署文案而发生错误的，都要负刑事责任。但要根据其职位和错判是否由他开始产生等情况，分成四个等级，每等递减刑罚一等。^④

古代司法责任制度严格要求各级官吏依法公正办理案件，是中华法律文化中的优秀因素。但受制于历史条件与制度语境，其不可能完全适

① 《尚书·吕刑》。

② 《睡虎地秦墓竹简》，文物出版社 1978 年版，第 191 页。

③ 《史记》卷六《秦始皇本纪》。

④ 以上各项内容见于《唐律·断狱》"官司出入人罪"条、"断罪应决配而收赎"条、"断罪应斩而绞"条，《唐律·名例》"同职犯公坐"条，《大明律·刑律·断狱》"官司出入人罪"条、"断罪不当"条。《大清律例》规定同于《大明律》。

用于今天的法律实践。当前的司法责任制强调的是在现代法治的框架内尊重司法规律，尊重法官、检察官主体地位，将"严管"与"厚爱"统一起来，通过对办案行为的监督约束，从严追责问责，倒逼办案质量的提高。"谁办案谁负责"意味着职权与责任的统一，司法人员在行使司法权时，在各自职权范围内对办案事项作出决定，同时对自己的行为和结果承担相应的法律和道德责任。司法责任制的核心是严格的办案责任制，法官、检察官依法履行职责，以事实为根据，以法律为准绳，秉持客观公正立场，不受行政机关、社会团体和个人的干涉。同时，他们应当自觉遵守法律规范和职业道德，以公平正义为目标，以良知为准则，以责任为担当，勤勉尽责、精益求精、尊重人权，对自己的办案行为和结果负主体责任。司法责任制的目的是通过建立权责明晰、权责统一、监督有序、制约有效的司法权力运行体系，实现"有权不任性、放权不放任、用权受监督"。这就要求建立健全内部监督管理机制、外部监督评价机制、错案追究机制等，对法官的办案行为进行有效的检查和评价，对办案质量进行有效的考核和激励，对办案失误进行有效的纠正和惩戒。

第二章

原情裁判原则的现代司法价值

党的二十大报告要求：坚持全面依法治国，推进法治中国建设。严格公正司法是其中一个重要的子目标。但司法公正的实现没有一个可以简单套用的公式，需要司法人员运用智慧来应对各种复杂的难题。"原情"与"依法"之间的矛盾与冲突就是其中之一。好在中国古代的先贤与司法者已经做了很多的探索，既有成功的经验，也有失败的教训，能够给今人带来有益的启示。

第一节　中国古代的原情裁判与依法裁判

在中国古代的司法语境中，原情裁判往往有多样化的表述，如"原心定罪""论心定罪""原情定罪"等。本原意义上的"原心定罪"是指司法官在审判案件中，不仅考虑犯罪行为所造成的社会危害，而且要分析犯罪的主观因素，如动机、目的等，依据这些主观因素善恶来定罪量刑。"志善"者从轻或免除处罚，"志恶"者则从重处罚。后来"原心定罪"又被称为"原情定罪"，即司法官在裁判时可以考量动机、目的之外的案件情节和情理等，因此其适用范围更为扩张。而且，"原情"并不止于定罪，也会涉及量刑；不仅可适用于刑事审判，亦可适用于民事案件。由于民间词讼案件存在更多法律之外的空白，习俗和情理进入司法、发挥裁决准据的情况更为常见。[①] 可见，使用原情裁判的称谓其实更为精当。

作为司法原则，原情裁判原则与另一项司法原则——依法裁判原则之间存在微妙的张力与互补关系。在中国古代，依法裁判又可称为"律法断罪"或"缘法定罪"，它要求司法官严格遵守法律规范来裁判案件的是非曲直，不受任何人的干预和影响，亦不得考虑法律之外的其他因素。因此，要深入理解原情裁判原则，需要将其置于与依法裁判原则的关联之中，以此来厘清其产生与发展的历史脉络。

历史上，原心定罪思想在西周时期就出现了。《尚书·康诰》说："人有小罪，非眚，乃惟终，自作不典，式尔，有厥罪小，乃不可不杀；乃有大罪，非终，乃惟眚灾，式尔，既道极厥辜，时乃不可杀。"这是对罪犯分清故意犯罪与过失犯罪、惯犯与偶犯等情节，前者从重，后者从轻。春秋时期孔子强调"哀矜折狱""刑罚中"，要求对个案查明实情，予以适当的处罚，其中已包含有原情裁判的思想。

至战国时代，诸侯竞雄，惟利是争，大国都致力于争国争城，以武力手段求取霸道。儒家学说被认为是"迂远而阔于事情"，不可能获得施展。法家学说主张凡事"一断于法"，甚至"骨肉可刑，亲戚可灭，

---

① 徐忠明：《明清时期的"依法裁判"——一个伪问题？》，《法律科学》2010年第1期。

至法不可阙"①，却颇能迎合统治者富国强兵的功利心态。秦依靠法家学说，并吞六国，建立起中央集权的王朝，在立法上则继续严密法网，以至于"繁于秋荼，密于凝脂"，实行轻罪重刑、深督轻罪的重刑主义政策。严苛的司法与繁密的立法相结合，充分发挥了国家对内维持社会秩序的功能，然而却激化了社会矛盾。"褚衣塞路、囹圄成市"只能带来表面上的秩序，百姓心中蕴积了极大的反抗情绪。

汉承秦业，亦承其制、其法、其吏。当时的法律和司法活动仍体现法家思想的基本精神。即使是到了汉武帝时期，也同样是立法繁密，酷吏盛行。直到"罢黜百家、独尊儒术"方针的出台，司法领域开始实行"春秋决狱"，尘封多时的儒家心性学说在改造社会的实践中才显其光彩，建立在心性学说基础上的"原心"进而衍生出了"原情""原孝""原忠"等司法原则，在实践中则确立了独具特色的"春秋决狱"判例机制。

但原心定罪的广泛适用也带来了问题。如西晋时一些大臣所指出："若断不断，常轻重随意，则王宪不一，人无所错矣"；"若常以善夺法，则人逐善而不忌法，其害甚于无法也。"② 为匡正原情定罪的弊端。晋代著名律学家刘颂主张："律法断罪，皆当以法律令正文，若无正文，依附名例断之，其正文名例所不及，皆勿论。"③ 这里的"律法断罪"其实就是依法裁判的另一种表述。刘颂也意识到绝对的律法断罪亦不可取，

---

① 《慎子·逸文》。
②③ 《晋书·刑法志》。

因此设计了"主者守文，大臣释滞，人主权断"的差等司法权模式，试图缓和依法裁判与原情裁判之间的张力。

要求司法官严格依法断案，这在以人治为特色的古代社会具有十分重要的意义。这一要求被后世的法律所承继。隋初法律规定"诸曹决事，皆令其写律文断之"，要求各级司法官吏在断案时写明所依据的律文。以此为基础，唐律进一步规定："诸断罪皆须具引律、令、格、式正文，违者笞三十"，明确了司法官吏不具引律令格式正文的罚则，标志着中国封建时代的司法活动达到很高的规范化程度。宋时王安石也反对司法官在审判中不循法律、任其私虚。他说："有司议罪，惟当守法。情理轻重，则敕许奏裁。若有司辄得舍法以论罪，则法乱天下，人无所措手足矣。"① 司马光认为："王者所以治天下，惟在法令，凡杀人者死，自有刑法以来，百世莫之成改，若杀人者不死，伤人者不刑，虽尧舜不能以治也。"② 两个政敌在这一点上倒取得了一致。

在另一端，原情裁判同样得到了长足的发展。隋唐以后，儒家伦理精神被奉为立法宗旨，诸多经义原则被直接定为法条，经义折狱不再盛行，原心论罪也随之而逐渐淡出。但是，诸如八议、上请、留养、复仇等制度中，实际上都还需要原情以制。而原情定罪的原则只是改变了方式，限定了范围，仍然广泛地运用于司法实践。宋时欧阳修在讨论一起冤案时向皇帝奏议道："窃以刑在禁恶，法本原情。今阿马之冤，于

---

① 《文献通考·刑考》。
② 《司马温公文集·乞不贷故斗杀杞子》。

情可悯；守度所犯，其恶难容。"① 明末清初王夫之同样认为，司法官员应"原情定罪"，他举出杀人之例，凡属于纯心杀人者，"从刑故之杀"，过失杀人者，"慎过之典"。而在民间词讼案件中，法官循理酌情的做法则更为常见，在合乎人情的行为与法律存在某种矛盾时，审案官员往往以各种方式协调两者关系，务求"情法两尽"。

原情定罪的发展经历了的漫长历史过程，其影响延续到了近代和现代，在清末民初的刑事立法中，也有一些关于酌量减轻或免予处罚的规定。例如在清末章宗祥和董康合拟的《刑律草案》稿本有规定：凡犯罪之情状，有可矜悯者，得酌量减轻本刑一等。后沈家本等人制定、清廷于1911年正式颁布的《钦定大清刑律》（亦称《大清新刑律》）第54条亦规定：审按犯人之心术及犯罪之事实，其情轻者，得减本刑一等或二等。其精神内核正是本于传统司法中原情裁判原则。民国时期1935年刑法典第59条规定：犯罪之情状可悯恕者，得酌量减轻其刑。我国台湾地区仍沿用1935年民国刑法典，并于2005年对第59条进行了再次修订：犯罪之情状显可悯恕，认科以最低度刑仍嫌过重者，得酌量减轻其刑。② 我国《刑法》第13条规定："情节显著轻微危害不大的，不认为是犯罪。"第37条规定："对于犯罪情节轻微不需要判处刑罚的，可以免予刑事处罚。"这些规定都是对原情定罪思想的继承和发展，体现

---

① 《论大理寺断冤狱不当札子》。

② 饶传平：《近代以来中国刑法"原情酌减"条款源流考——于欢案与施剑翘案的对观与重思》，《法学》2022年第3期。

了对犯罪人的人性化和宽容的态度，也体现了对社会公平正义的追求。

中国历史上，原情裁判是与依法裁判相依存的一项司法原则，二者之间呈现出交织发展、交相辉映的演进轨迹。遵循依法裁判原则，不能无视原情裁判的重要补充功能；而适用原情裁判原则亦不可脱离依法裁判的轨道。事实上，依法裁判与原情裁判是司法活动中两种不同的裁判方式，它们之间既有联系又有区别，也需要在实践中进行协调和平衡。综合上述，二者之间的关系可以从以下几个方面来理解：

其一，依法裁判与原情裁判之间既有联系又有区别。两者都是为了实现司法的公正和效果，都要求法官都要遵循客观事实和逻辑推理。但两者的区别在于，依法裁判更强调规则性、确定性、一致性等特点，而原情裁判更强调灵活性、适应性、多样性等特点。依法裁判更注重对法内因素的考量，而原情裁判会兼顾法外因素的考量。

其二，依法裁判与原情裁判之间既有冲突又有协调。两者在具体案件中可能会出现不一致或者相互排斥的情况，比如某些案件按照法律规定处理可能会引起社会不满或者当事人不服，而按照社会情理处理可能会违反法律原则或者损害其他人的权益。这就需要在实践中进行协调和平衡，找到最佳的解决方案。一般来说，在没有明确或者适用的法律规定时，可以借鉴或者参考社会情理进行处理；在存在明确或者适用的法律规定时，应当坚持严格依法处理，并同时兼顾社会情理进行释法说理。

其三，依法裁判与原情裁判之间既有差异又有融合。这两个原则的适用在不同国家、地区、文化中可能有不同的表现。比如，在西方国家，司法活动更强调法律的权威性和正当性，而在中国，司法活动更强调法律的和谐性和适当性。但两者也有相通和融合的地方。总体上看，在现代司法中，依法裁判与原情裁判之间呈现出相互交融的趋势。比如，西方法律中也有"衡平法"等概念，用以弥补普通法律的不足或者不合理；而在中国，既有用以规范司法行为的法治原则，又把情理法相融合作为一种更高层次的司法追求。

第二节　中国古代原情裁判原则的适用

在性质上，原情裁判是依法裁判原则的一种辅助原则，但其适用范围仍然是十分广泛的。它究竟适用于哪些场合？中国古代司法积累了相当丰富的经验，可以给今天的司法人员以有益的启示。这主要体现在对于"情"的理解，法律的界域之中的"情"之所至，正是原情裁判原则的适用情形。分述如下：

一、考虑行为人的主观心理状态

在司法中，行为人实施某种危害行为时的主观心理状态如故意或过失、目的、动机或主观恶性程度有可能对定罪量刑产生影响。早在西周时期，人们已经认识到，对犯罪的处罚不能完全从客观的行为或后果上来论罪，也应当考虑行为人的主观心理。《周礼·司刺》中记载："一宥曰不识，再宥曰过失，三宥曰遗忘。"即在量刑上，对没有认清而杀人，无心而过失杀人，因遗忘而杀人这三种情况给予宽恕。《易·讼九二》

中举了一个例子："不克讼，归而逋，其邑人三百户无眚。"即大夫败诉，即将获罪，因而逃跑，他的邑人没有过失。至春秋战国时期，立法和司法中也越来越多地考虑"心"的因素。如《法经》规定"拾遗者刖，曰：为盗心焉"。虽然惩罚的是犯罪行为，但法律之所以对之严惩却起因于"盗心"。

值得注意的是，法家与儒家在考虑"心"的作用时存在一定的区别。法家代表人物商鞅认为："刑加于罪所终，则奸不去。……故王者刑用于将过，则大邪不生。"① 他主张按照人们的思想倾向即行为的前奏——主观之"心"（将过）来定罪，而不是根据客观的行为（罪所终）来惩治。韩非子说："禁奸之法，太上禁其心，其次禁其言，其次禁其事。"② 这里说的也是要考虑心的因素在定罪量刑中的作用，但由于将其置于行为之前，难免沦为主观主义刑法观，具有思想治罪之取向。儒家代表人物董仲舒则说："《春秋》之决狱也，必本其事而原其志。志邪者不待成，首恶者罪特重，本直者其论轻。"③ 意思是，《春秋》决狱必须根据犯罪事实来探索罪犯的犯罪动机等主观心态。凡心术不正，故意为恶的，即使是犯罪未遂，也要加以处罚。对共同犯罪中的首谋和组织领导者等首恶分子要从重处罚；而行为动机、目的纯正，合乎道德人情，即使其行为违反法律，造成损失，也可以减轻甚至免于处罚。同样是考

---

① 《商君书·开塞》。
② 《韩非子·说疑》。
③ 《春秋繁露·精华》。

虑主观因素,董仲舒主张先"本其事"后"原其志",倒是更为近似现代的客观主义刑法观了。

孔子和孟子虽然没有像董仲舒那样直接将"论心定罪"作为一种司法原则,但其精神实质已包含于相关的学说之中。《左传·昭公十九年》记载:"许世子止弑其君买";"许悼公疟,……饮太子止之药卒。……书曰:'弑其君'。君子曰:尽心力以事君,舍药物可也"。《左传正义》曰:"轻果进药,故罪同于弑,二者虽原其本心,而《春秋》不赦其罪。"许国太子在不知药有毒的情况下给父亲进药造成父亲死亡,按律犯了杀父罪,但分析其主观动机是为了尽孝,而非故意谋害,虽然"不赦其罪",但"原其本心"也是一种考量。可见,孔子应该是赞同"原情定罪"的主张的。这种将行为人的主观心理状态纳入犯罪构成的做法与在现代刑法观是一致的,这也正是"原心论罪"的进步意义所在。

二、考察案件的各种具体情状

在古代文献中,"情"也经常指代案件的实情或情节,此时的"情"又被称为"情实"①。韩非子云:"虚则知实之情。"②这里的"情"是指事情的原委。后世法律文献又有"情有轻重""讯其情状""既得其情""遂得其情"等句,其中的"情"的含义是指案件的各种事实情况。此义的"情"范围十分广泛,诸如犯罪对象、犯罪主体、犯罪时间、犯罪地点、犯罪工具等,甚至犯罪时相关人员的身份,只要影响到具体的罪与罚,

---

① 《周礼·天官》疏云:"情,谓情实。"
② 《韩非子·主道》。

都可能成为司法官员在定罪量刑过程中的必原之情。[①]

为了追求司法公正，古代司法官员非常重视对于案件实情的发现，也善于运用各种证据或证明方式来案件情况进行查验。其一，五声听讼。《周礼》中有以"五听"来断狱的记载："以五声听狱讼，求民情：一曰辞听（郑玄注：观其出言，不直则烦），二曰色听（郑玄注：观其颜色，不直则赧然），三曰气听（郑玄注：观其气息，不直则喘），四曰耳听（郑玄注：观其听聆，不直则惑），五曰目听（郑玄注：观其眸子视，不直则眊然）。"[②]《尚书·吕刑》也载："两造具备，师听五辞。"[③] 五辞，"即五听也"[④]。"五听"后来被封建法律所认可并奉为审判案件的准则。例如《唐律》规定："依狱官令：'察狱之官，先备五听。'"[⑤]"五听"要求法官在决断证据时察言观色，不免有主观臆断之嫌，这是其片面性，但其又强调法官在法庭上审问原告、被告和证人，以查明案件事实真相，近似于今天的直接言辞原则，这是其积极意义。

其二，审察辞理。唐律要求司法者"讯囚必先以情，审察辞理，反复参验"。唐律将"情"与"辞"分开，"辞"是指被指控人的口供。这实际上是提示"情"与"辞"之间的印证或质疑关系。这一观点为后世一些官

---

① 董长春：《"原情定罪"考辨》，《法治现代化研究》2022 年第 5 期。
② 《周礼·秋官·小司寇》。
③ 《尚书·吕刑》。
④ （清）孙星衍撰：《尚书今古文注疏》，陈杭、盛冬铃点校，中华书局 2004 年版，第 531 页。
⑤ 《唐律·断狱》。

员接受。如北宋宋咸认为案件事实的发现手段有情和辞两种，他说："夫听讼者，或从其情，或从其辞。辞不可从，必断以情。"[①] 当代的人们有一种宽泛的印象，即中国古代的刑事司法一定是唯"口供"定案的，但这种观点不免有以偏概全之弊，因为其忽略了古代法律和司法实践中现实存在的各种情证参验的证明方法，以及所显示出极其可贵的不轻信口供的思想。这些思想即便对今天的司法实践也可以有重要参考价值。

其三，情迹或情证并用。秦朝治狱，为获"真情"，法律中规定："治狱，能以书从迹其言，毋笞掠而得人情为上，笞掠为下，有恐为败。"[②] 意思是说：通过文书来追查当事人的口供，不使用刑讯而察得案件的真情，是上乘的审判方法。这里将"书"这种证据形式与案件"真情"分离开来，实际上是要求将"原情"建立在各种证据的基础上。唐时陆贽则提出了情与迹兼用的事实认定方法。他说："夫听讼辨谗，贵于明恕。明者，在辨之以迹；恕者，在求之以情。迹可责而情可矜，圣王惧疑似之陷非辜，不之责也。情可责而迹可宥，圣王惧逆诈之滥无罪，不之责也。"[③] 意思是说，只以情或迹认定嫌疑人有罪都可能出错，故而认定嫌疑人有罪必须情迹并用。郑克在《折狱龟鉴·证慝》为"韩亿引乳医为证"一篇所作按语中说："尝云推事有两：一察情，一据证，固当兼用之也，然证有难凭者，则不若察情，可以中其肺腑之隐；情

---

① （宋）宋咸注：《孔丛子》卷二。
② 《睡虎地秦墓竹简·封诊式》"治狱"篇。
③ （唐）陆贽：《陆宣公文集》卷一。

有难见者，则不若据证，可以屈其口舌之争。"① 他主张的是情证并用方式，与陆贽的情迹并用方式有异曲同工之妙。在司法活动中，情迹或情证并用实际上是司法人员认定事实的典型方式，即便在现代也概莫能外。尤其可贵的是，古代司法将"求之以情"与可矜或可恕联系起来，实际上是将"原情"与出罪或轻罚联系起来，体现了司法的人道主义精神，值得在当代的司法工作中发扬光大。

三、考察民情与常理

"情"所指是一般普通百姓的思想意识和心理预期，因此也可以称为人情。在中国传统文化中，人情也是一个十分复杂的概念。它可以是指具有贬义色彩的"私情"，这样的人情往往具有个体性和主观性的特点，往往可能是影响司法公正的一个因素。不过，当每个以个体为起点的"私情"在特定的范围内能够并存，并且能够相互理解、推己及人时，人情就会转化为"人之常情"或"普遍人性"，具有一定范围内的公共性或普遍性。② 日本学者滋贺秀三在分析中国古代法律生活中的人情观时指出，情本来有"心"之意，特别是说到"人情"时，通常照例是指活生生的平凡人之心，即人们可以估计对方会怎样思考和行动，彼此这样相互期待，也这样相互体谅。③ 这种意义上的人情则应理解为

---

① （宋）郑克：《折狱龟鉴》卷六。

② 参见陈秀萍：《诉讼、人情与法治——现代法治视野中的诉讼人情化现象研究》，《法制与社会发展》2005 年第 5 期。

③ 参见［日］滋贺秀三：《清代诉讼制度之民事法源的概括性考察》，载王亚新、梁治平编：《明清时期的民事审判与民间契约》，法律出版社 1998 年版，第 37—38 页。

"民情""民心"或"情理",这也是中国古代人情或"人心"的最主要含义。

就此看来,原情裁判其实是古代民本思想在司法活动中的体现。管仲说:"政之所兴,在顺民心;政之所废,在逆民心。"① 因此,在立法领域,应当顺应民之情性来制定国之度策;而在司法领域,则自然少不了依民情所向来裁决案件的倾向。早在西周时期就有"以五声听狱讼,求民情"的治狱方法,并且在定罪量刑时"慎测浅深之量以别之"② 的要求,正是这一精神的体现。《折狱龟鉴》中记载了这样一个案例:"晋殷仲堪,为荆州刺史。有桂阳人黄钦生,二亲久没,诈服衰麻,言迎父丧。府曹依律弃市。仲堪曰:'原此法意,当以二亲生存而横言死没,情理悖逆,所不忍言,故同于殴詈之科,正以大辟之刑。钦生徒有诞妄之过耳。'遂活之。"郑克评论说:"推己以议物者,恕也;舍状以探情者,忠也。"③ 在此案中,殷仲堪没有拘泥于法律条文的字面含义,而是原法意,探人情,考虑普通百姓的一般观念,使案件得到较为宽和而妥当的解决。其实,古代司法官在判决案件时,首先考虑的是判决结论是否合乎情理,而合法与否反而成为一个次要的问题,只要能够做到合情合理,即使是偏离了法律的字面含义,仍然可称之为"仁政",这是中国古代司法的一个重要特色,也是需要今人加以仔细鉴别之处。

---

① 《管子·牧民》。

② 《礼记·王制》。

③ 《折狱龟鉴·议罪》。

四、考察伦理道德

原心定罪中，"心"是有善恶之分的。桓宽说"志善而违于法者免，志恶而合于法者诛"[1]，就是要对于行为人的主观心理状态进行道德的评判，在此基础上作出司法裁决，这就使"原心定罪"与宗法伦理联系起来了。以维护"五伦""十义"为核心的人伦关系，在文字上经常用"情"字来表达。[2] 在董仲舒所著《春秋决狱》中，不少适用"原心定罪"处理的案例都发生在有血缘亲情关系的人之间。试举一例："甲父乙与丙争言相斗，丙以佩刀刺乙，甲即以杖击丙，误伤乙。甲当何论？或曰：殴父也，当枭首。论曰：臣愚以父子至亲也，闻其斗，莫不有怵怅之心，扶杖而救之，非所以欲诟父也。《春秋》之义，许止父病，进药于其父而卒。君子原心，赦而不诛。甲非律所谓殴父也，不当坐。"在这个案件中，行为人客观上已经触犯了"子殴父"的伦理律条，理当"枭首"，但董仲舒认为甲"扶杖而救之，非所以欲诟父也"，所以"不当坐"。实际是以宗法伦理的道德要求为依据，判断当事人的主观心理状态，以此作为其行为是否应当受处罚的先决条件。由此便可看出，行为人主观的善恶是依照宗法伦理为依据来确认的。

古代官员在办理血亲复仇案件往往也遵循原情裁判原则。据《后汉书·列女传》所载："酒泉庞淯母者，赵氏之女也，字娥。父为同县人所杀，而娥兄弟三人，时俱病物故，仇乃喜而自贺，以为莫己报也。

---

[1] 《盐铁论·刑德第五十五》。

[2] 董长春：《"原情定罪"考辨》，《法治现代化研究》2022年第5期。

娥阴怀感愤，乃潜备刀兵，常帷车以候仇家。十余年不能得。后遇于都亭，刺杀之。因诣县自首。曰：'父仇已报，请就刑戮。'福禄长尹嘉义之，解印绶欲与俱亡。娥不肯去。曰：'怨塞身死，妾之明分；结罪理狱，君之常理。何敢苟生，以枉公法！'后遇赦得免。州郡表其间，……以束帛礼之。"赵娥为报父仇杀了仇人，自然触犯了国法，但她不仅未受任何处罚，反而为人称颂，受官府嘉奖。这是因为她主观动机是善的，而这个善的评定便是以儒家思想的"孝道"作为标准的。再从"尹嘉义之""欲与俱亡"可以看出，儒家伦理思想在民间有深厚的基础。这样，以儒家伦理为依据的原情裁判便有了合理性，从而为世人所接受。

司法中的法律与道德关系问题是法学思想史上的一个永恒议题。在西方，无论从古希腊传说中的安提戈涅案，还是"二战"以后的纽伦堡审判，抑或美国学者德沃金笔下著名的帕尔默案，实际上都体现了道德对司法的不同影响方式。[①]换用一种说法，这些案件也体现了原情裁判的尺度与限度。从这一点来看，中国古代的原情裁判思想与现代司法具有相似的问题域，相关的思想与实践值得在今天进一步挖掘、发展与弘扬。

第三节　原情裁判的现代启示

在漫长的中国历史中，"法不外乎人情""法不悖离德性"已积淀为

---

① 参见秦策、张镭：《司法方法与法学流派》，人民出版社 2011 年版，第 123—130 页。

中国人的集体意识或无意识，无论是援礼入法，还是情理司法，都体现出道德准则对于法律的强大影响力。原情裁判的现代价值在于司法人员不可将自己封闭于教义概念的"城堡"，而应当敏锐体察公众的现实道德需求，作出融情于法的判决。

一、传达"法律不强人所难"之意旨，体现法律的宽容精神

如前所述，原情裁判要求司法人员在办案过程中体察"人之常情"或"普遍人性"，并采取顺应的态度，使裁决结论不至于背离人们的普遍认知和对公平正义的基本诉求。就此而论，它与西方法律谚语"法律不强人所难"存在着内在的一致性。"法律不强人所难"的意旨在于法律不得要求人们做根本无法做到的事情，亦不得禁止人们做不可避免的事情。这里的人是"常人"，亦即一般人，也就是是芸芸众生中的绝大多数普通人；"强人所难"所指的正是违背"人之常情"或"普遍人性"的事情。这一谚语体现了法律的人道主义和宽容精神，也体现了法律对合理性的兼容。在刑法中，"法律不强人所难"的理论表达是"期待可能性"。期待可能性是指根据行为发生时的具体情况期待行为人实施合法行为的可能性。如果当时的具体情况不能期待行为人实施合法行为，那么，尽管行为人实施了具有社会危害性的行为，也不能让他承担刑事责任。反之，如果当时的具体情况可以期待行为人实施合法行为，但他却选择实施了犯罪行为，那么，他的行为就具有可谴责性，应当承担刑事责任。

法官作为司法实践的主体，应当在审判活动中贯彻"法律不强人所难"的原则，既要依法惩治犯罪，又要尊重人性和社会公平正义。具体来说，法官可以从以下几个方面体现这一原则：其一，在认定犯罪事实时，要考虑行为人的主观心理状态、动机和目的，以及案件的具体情节和影响等因素，判断行为人是否有故意或过失，是否有期待可能性，是否有自由意志和选择余地。如果行为人是出于不能抗拒或不能预见的原因而造成损害结果，或者是在紧急避险或正当防卫等情况下而实施必要的行为，则应当根据法律规定认定其无罪或者减轻、免除其刑事责任。其二，在适用法律规定时，要考虑行为人的年龄、身份、文化程度、社会背景等因素，判断行为人是否能够理解和遵守法律规定，是否能够承担相应的责任。如果行为人是未成年人、精神障碍者、文盲或者其他特殊群体，则应当适用特别的法律规定或者司法解释，给予其必要的保护和教育。其三，在量刑时，要考虑行为人的悔改表现、赔偿情况、被害人的态度等因素，判断行为人是否有改过自新的可能性，是否有得到社会谅解和宽恕的条件。如果行为人是主动投案、如实供述、积极赔偿、诚恳悔罪，并得到被害人的谅解或者原谅，则应当从轻或者减轻其刑罚。

在司法实践中，越来越多的法官开始接纳原情裁判思维，在办案中体现"法律不强人所难"的意旨。试举一例：2018年12月7日晚，陈某的妻子晕倒，由于地处偏远，救护车无法及时赶到，身边又没有司机，万般无奈之下，已经醉酒的陈某开车将妻子送往医院，路上车辆被警方拦下，随后警方将陈某的妻子送到医院。经鉴定，陈某的血液酒精含量为每毫升 223 毫克，远超醉驾标准，构成危险驾驶。警方将其车辆暂扣，检察机关以危险驾驶罪提起诉讼，追究陈某的刑事责任。法院认为，虽然被告人陈某客观上实施了在道路上醉酒驾驶机动车的行为，但其行为构成紧急避险，依法不负刑事责任。法官认为："从主观上看，被告人实施醉酒驾驶的行为，并没有危害社会公共安全的故意，反而具有使处于生命危险的妻子及时得到医治的良好动机。考虑到当时的具体情境，陈某实施醉驾对公共安全的损害程度相对较小，且未发生交通事故，符合紧急避险所须具备的多项条件。所以，应当认定陈某的行为属于紧急避险，无需承担刑事责任。"这是江苏第一起因构成"紧急避险"而被依法撤诉的"醉驾"危险驾驶案，法官能够把法律和人性、情理完全结合在一起，体现"法律不强人所难"之意旨，是对原情裁判原则的正确运用。

二、摒弃机械式司法的思维，避免司法背离立法目的

机械式司法是指司法人员在审理案件时，只依据法律条文的字面含义，忽视法律规则的原理以及天理、人情等因素，实际办案无法实现法律效果、政治效果和社会效果的统一。这种司法方式不利于保障人权、维护社会公平正义、促进社会和谐稳定，也不符合法治精神和立法目的。机械式司法有以下几个弊端：

其一，机械式司法可能导致刑罚过重或过轻，造成司法不公。例如，在涉及枪支认定标准的案件中，如果只按照枪支鉴定标准所规定的枪口比动能 1.8 焦 / 平方厘米的规格来判定，那么一些仿真枪、气枪等都可能被认定为"枪支"，并以非法持有、制造、买卖枪支罪追究刑事责任。这显然与罪刑相适应原则相违背，也与社会对于枪支危害性的朴素认知相背离。

其二，机械式司法可能忽视案件的具体情节和影响，造成司法不合理。例如，在涉及非法经营罪的案件中，如果只是因为当事人没有办理相关经营证照而追究其刑事责任，那么一些农民收购玉米、农妇卖鸡蛋等正常的经济活动都可能被认定为"非法经营"。这显然与社会主义市场经济原则相违背，也与社会对于经营自由的期待相背离。

其三，机械式司法可能缺乏对案件事实的全面认定和证据的充分采信，造成司法不准确。例如，在涉及故意杀人罪的案件中，如果只根据被害人死亡和行为人持刀捅刺等表面现象来判定，那么一些正当防卫、紧急避险等特殊情况都可能被认定为"故意杀人"。这显然与事实真相相违背，也与社会对于公平正义的期待相违背。

其四，机械式司法可能因缺乏对案件价值目标和政策因素的考量，造成司法背离立法目的。例如，在涉及食品安全罪等公益性犯罪的案件中，如果只根据行为人是否违反了相关规定来判定，那么一些无意造成危害的行为都可能被认定严重的违法行为，导致过罚不当。这显然与食品安全法的目标相违背，也与社会对于公益保护的期待相违背。

因此，司法人员应当摒弃机械式司法，善于采用灵活的、理性的、人性的司法方式，根据案件的具体情况，综合运用法律规则、法律原理、天理、人情等因素，使裁判结果符合法律效果、政治效果和社会效果的统一，实现司法的公正、合理、准确和有效。

三、将"法断"与"情断"相结合，追求法律效果与社会效果相统一

在司法方法论上，法家思想强调的是依法断罪，而春秋决狱、原心定罪思想的提出，开创了以情为断的新型司法模式，"法断"与"情断"相结合由此成为中国古代颇具特色的司法方法论模式。孟子说："徒善不足以为政，徒法不能以自行。"①"徒法"不行，就是说要知人心，得人心，从人的基本善良之心出发，哀矜折狱；"徒善"不足，则是说要恪守法律的基本要求，断罪不偏离法意。孟子所持是一种综合性思维，即"徒善"与"徒法"均不足以为政，须"善"与"法"二者得兼方为最佳路径。建立"法断"与"情断"相结合的司法方法论模式，可以使二者相统一。在这一点上，中国古代的先贤和司法者在面对人情与国法的冲突时，不是做非此即彼的选择，而是缜密分析二者的优长劣短，就具体案情，或原情裁判，或援法而断，达致"法情相谐，综合为治"。

"法断"与"情断"相结合，是指在司法活动中，既要严格遵守和执行法律规定，又要考虑案件的具体情况和社会公平正义的要求。在现代社会，随着法治观念的深入人心，司法者在审理案件时，必须严格依照法律规定和程序进行，不能以情代法、徇情枉法。但是，单纯地机械适用法律条文，也可能导致一些不符合社会公平正义观念、得不

---

① 《孟子·离娄上》。

到人民群众认可的裁判结果。因此，在依法裁判的基础上，也要兼顾原情裁判，根据案件的具体情节和影响，综合运用道德、伦理、习惯等因素，使裁判结果符合社会公平正义观念，实现司法的人性化和温度化。依法裁判与原情裁判相结合，并不是说要放弃或者削弱对法律的尊重和执行，而是要在严格遵守和执行法律的前提下，灵活运用和解释法律规范，使之更加适应社会变化和发展的需要。这样做有利于保障人权、维护社会秩序、促进社会和谐、提高司法公信力。

司法的效果通常表现为两个方面：法律效果与社会效果。前者指通过司法活动，使法律包括程序法和实体法得到严格的遵守和执行；而后者主要体现在司法对社会的推动和社会对司法活动的认同性。一般而言，司法的法律效果与社会效果是统一的。但是，实践中经常会出现这样的情况：有时，虽然查清了案件的全部事实，在实体和程序上也严格适用了有关法律规定，从形式上看确实做到了司法公正，但在裁判文书生效后，社会效果却不怎么理想。这就出现了办案的法律效果与社会效果有时会不相适应、甚至冲突的情况。这就需要司法人员善于运用"法断"与"情断"相结合的司法模式，一方面通过严格司法，实现法的形式规范性，另一方面融情于法，实现法的实质合理性，从而达到解决纠纷、稳定社会之目的，在全社会树立司法权威，提高司法公信力。

四、融通法意与人情，增强民众对于法律的认同感

孔子云："礼乐不兴，则刑罚不中"①，主张礼乐对于法律的决定性；

---

① 《论语·子路》。

而尚礼教，便要重人情。德主刑辅、礼主法辅构成中国古代正统思想体系的基石，其内在价值同时也肯定了人情在法律中所占有的重要地位。这里存在的矛盾之处在于，如果我们过分强调礼教对于法律的支配地位，那么难免会走向人治的轨道；而如果我们过于看重人情的功能，不断地要求法律向人情妥协，那么势必会产生很多曲法伸情或徇情枉法的情况。这也正是为什么许多主张厉行法治的人士反对原情裁判的原因。但是，凡事都有两面性，既然偏离人情的法律或司法判决就会失去必要的社会基础，那么，我们就不妨接受其在司法中的独特功能，进一步明晰其内涵，以有效的法律思维来导引其在司法活动中的具体应用，以达到用其所利、避其所害的目标。

人情指的是人情世故，有时也指风土人情、地方风俗，但在古代最主要的是指一种从社会人际出发的价值判断标准，其主要精神是"均衡""和谐"，强调不能死拘法律条文，讲究以情理折服人。这在历朝各代的立法、司法实践中广泛采用，逐步形成了一种法治架构下的人情观。人情的妙处在于"润物细无声"，它使人们在不知不觉中心底向善，远离犯罪。人情或民情代表了一种具有广泛接受度的集体意识或无意识，在很多时候甚至可以构成法律精神的内核，为法律提供正当性源泉。脱离民情，法律的生命或将终结。从法制发展的历史看，法合人情则兴，法逆人情则竭。情入于法，使法与伦理结合，易于为人接受；法顺人情，冲淡了法的僵硬与冷酷的外貌，更易于推行。

为了保证人情因素的正确运用以及与法意的对接融合，需要在法律的思维中建立一定的司法方法论准则。一是人情因素应当以客观的形式加以运用，即所谓人情不是单纯的个人私情，而应当是一种普遍的人性，是社会所公认的常情常理。二是人情应当以合乎道德目的的方式加以运用，这意味着，人情因素的运用应当是符合道德的要求，而不能成为个人私利的工具。第三，人情因素的运用应当朝向宽和用法的方向，不可因人情而使人入罪及加重责任，否则会有以思想治罪或道德裁判之嫌疑，不仅不符合现代法治的精神，也难以契合其作为中华优秀法律文化因素的"优秀"特质。史料所记载的为人所称道的案例一般都显示出宽和司法的特征。例如，东汉和帝时的廷尉陈宠"数议疑狱，常亲自为奏，每附轻典，务从宽恕，帝辄从之"[1]。又如，何敞"以宽和为政，举冤狱，以《春秋》义断之，是以郡中无怨声"[2]。再如，清代著名的书画家郑板桥在山东潍县做官时，遇到一件和尚与尼姑通奸的案件。按照当时的法律判决的话，和尚尼姑的行为将受到严酷的惩罚。但是郑板桥心怀悲悯之心，认为成全比责罚更合乎天意人情，于是判决：和尚尼姑都还俗，一笔勾却风流案。[3] 正因为如此，原情裁判纠法家用法严苛之弊，以"宽和之心"，缩小了刑罚的范围，乃至救活了许多人命，这也是原情裁判受到民众认可的原因之一。

---

[1] 《后汉书·陈宠传》。

[2] 《后汉书·何敞传》。

[3] 参见范中信：《情理法与中国人》，中国人民大学出版社1992年版。

第三章

慎刑原则的现代司法价值

党的二十大报告提出：坚持依法治国和以德治国相结合。司法与"德政"相结合是中华传统法律文化的标识性特征，"慎刑"是"明德"的逻辑推演。慎刑思想构成中华法系一以贯之的法制原则，并且在司法活动展示出人道与文明的光辉。在新时代，慎刑思想为人民检察院和人民法院的司法创新提供了丰厚的文化底蕴。

第一节　慎刑思想：中华法系一以贯之的法制原则

在中国古代，慎刑思想源远流长，在西周之前就有萌芽。《尚书·舜典》中说："钦哉，钦哉，惟刑之恤哉！"意思是：注意啊，注意啊，对刑法的运用，必须慎重行事，体现悯恤之意。《尚书·大禹谟》也记载了夏商时期一条为后世所传诵的刑事司法原则："与其杀不辜，宁失不经。"这些都可以认为是中国古代慎刑思想的渊源。

西周时期，周公提出"明德慎罚"，这是慎刑思想的最早形态，它包括两个层次，一是彰明德教，二是慎用刑罚，要求为政者施政过程中，无论是立法还是司法，都要体现德的要求，以道德来教化人民；对那些不听德教而触犯刑律者虽然要适用刑罚，但在定罪量刑时一定要慎重行事，做到公允执中。这一思想的核心在于主张德刑并用，反对刑罚的过度适用。西周统治者之所以提出"明德慎罚"思想，主要是吸取了殷商"不敬厥德"，一味"重刑辟"而灭亡的前车之鉴。

西汉中期之后，儒家学说上升为封建社会的正统意识形态，慎刑思想得以延续和发扬光大。西汉新儒学的奠基者董仲舒主张"先德后刑""大德小刑"，并将儒学与阴阳学结合起来阐释德主刑辅的关系。汉成帝时的经学家刘向也主张："圣主先德教而后刑罚。"[①] 儒家学说主张"德主刑辅""为政以德"，要求统治者实施仁政，反对滥杀，这对封建司法制度产生了重要影响，成为贯穿中国传统法律思想的一条基本脉络。

唐代的慎刑思想发展到新的高峰。《唐律疏议》中的表述揭示了中国古代法的精髓："德礼为政教之本，刑罚为政教之用。"唐太宗李世民主张法律应宽平简约，对死刑与肉刑的运用，持特别的审慎态度。他说："死者不可复生，用法务在宽简"，"人命至重，一死不可复生"。在这种指导思想之下，"九卿议刑"制度和死刑执行前应向皇帝请示的"五复奏"制度得以建立。唐之后的立法者基本上都奉慎刑观念为基本的立法指导思想，如宋代参与制定《宋刑统》的窦仪奉"恤刑御物""约法临人"作为治国典范，主张"礼之失则刑之得"。在封建正统思想家的言论与著述里，慎刑观念得到进一步阐发。明代的丘濬则将

---

① 《说苑·政理篇》。

《尚书·舜典》中的"惟刑之恤"作为"后世帝王所当准则而体法"的刑罚原则，在这一原则的指导之下，司法应当做到："治狱必先宽""免不可得而后刑之、生不可得而后杀之""论罪者必原情""遇有疑狱，会众详谳""罪疑从轻"。①

应该说，无论是在制度层面，还是法律思想层面，中国古代的统治者或思想家都将慎刑作为重要原则，从而使之得以一以贯之地延续与发展。作为一项司法原则，慎刑理念要求司法者在适用法律和考量刑罚时应该持审慎、宽缓的基本态度，不枉不纵，以德教为主，以刑罚为辅，体现人道主义和仁义之心。不同历史时期的统治者和思想家也对慎刑原则进行了各有特色的阐释，由此形成了其丰富而深邃的内涵：

一、德主刑辅，教化为先

《尚书·吕刑》中说："典狱，非讫于威，惟讫于富"，意思是，审理案件，不完全用刑罚解决问题，而是靠福佑德教解决问题，为民谋利。"惟敬五刑，以成三德"，即要求在诉讼中严格地遵守法律，但其目的是成就德教。就德与刑的关系而言，刑是德的载体，德是刑的灵魂，二者相辅相成，德寓于刑罚之中，对刑罚的适用具有指引作用。西汉时期董仲舒则指出："天道之大在阴阳。阳为德，阴为刑。刑主杀而德主生。是故阳常居大夏，而以生育养长为王；阴常居大冬，而积于空虚不用之处。以此见天之任德而不任刑也。"② 董仲舒"任德而不任刑""大德

①《大学衍义补·总论制刑之义》。
②《汉书·董仲舒传》。

069

而小刑"的观点是对德刑关系的进一步发展。唐代定律，一准乎礼，于礼以为出入，儒家经典得以法典化，"德主刑辅"思想成为最高的立法与司法原则。"德主刑辅"既是慎刑的理论前提，又是如何慎刑的具体指针。因此，"德主刑辅、教化为先"应是慎刑原则的首要内涵。

二、以德司法，哀矜折狱

从字面来看，慎刑本身只有谨慎司法、不枉杀无辜之意，但是，这并非慎刑原则内涵的全部。慎刑的前提在于"敬德""明德"，这就要求司法之中体现"德政"，即以德司法。以德司法强调司法官吏将统治者所遵奉的伦理规范引入司法领域，指导律条的适用，甚至直接作为法规的补充。司法官在审狱时心存仁义，自然也会成为仁者，以"哀矜"的心态去面对各种案件和当事人。"哀矜折狱"是孔子提出的一项司法原则，他指出："上失其道，民散久矣。如得其情，则哀矜而勿喜。"[1] 根据明代丘浚的解释："哀者，悲民之不幸；矜者，怜民之无知；勿喜者，勿喜己之有能也。"[2] 孔子显然是将"哀矜折狱"作为贯彻慎刑原则的一种司法方法。孟子云："以生道杀民，虽死不怨杀者。"[3] 所谓"生道杀民"其实是"哀矜折狱"思想在死刑案件中的体现。应该说，"以德司法、哀矜折狱"成为中国古代的主流法律思想，也是传统慎刑思想的应有之义。

---

[1] 《论语·子张》。
[2] 《大学衍义补》卷 160。
[3] 《孟子·尽心上》。

三、用刑执中，罪刑相称

慎刑并不反对严格执法，它所要求的是用刑执中，罪刑相称。《尚书·立政》中说："兹式有慎，以列用中罚"，主张司法官在处理狱讼案件时应慎之又慎，依据常例，使刑罚适中，刑当其罪。所谓"中罚"是指刑罚要公允、适当，既"不过"又无"不及"，即罪刑相称。如何做到这一点，古代先贤又提出了上下比罪的方法。《尚书·吕刑》中说："上下比罪，无僭乱辞，勿用不行，惟察惟法，其克审克之"，即是对罪重的处于重刑，罪轻的处以轻刑，对于犯人的供词和决狱之词，都要求与事实相符，不要发生差错，一定要核实其罪情，并根据法律办事。这里的"比"是指成例，即已有的案例。《礼记·王制》中说："凡听五刑，必察小大比以成之。"郑玄注："小大犹轻重，已行故事曰比。"因此，在方法论上，上下比罪，就是在法无明文规定的情况下，司法官可以运用比附类推的方法，或用成例比附而定罪，务必使罪刑相称，以体现用刑之谨慎。

四、罪止一身，反对酷刑

酷刑是慎刑的反面，它是指严苛而残酷的用刑，既包括定案之后的刑罚执行，也包括刑事审讯或侦查过程中的刑讯。尽管说在中国古代并不缺乏各式各样的酷刑，但正是在慎刑思想的影响之下，酷刑的使用受到了一定的限制。首先，在刑罚执行方面，西周时期就确立了"罪不相及，罚不连坐"的原则 [1]，改变了夏商时期"擎戮汝""罪人以族"等严

---

[1] 《左传·昭公二十年》。

刑措施，到了汉文帝二年"尽除收律相坐法"①，这种废除株连之法的改革正是慎刑思想的体现。其次，刑讯虽在古代中国是一种合法的取证方式，但由于慎刑思想的影响，限制甚至废除刑讯的观点也是存在的。其中最有代表性的当推西汉的路温舒。路温舒深受儒学《春秋》思想影响，他曾向汉宣帝"上书言宜尚德缓刑"，特别总结秦亡的原因之一便是治狱吏的刑讯。他说："夫人情安则乐生，痛则思死，捶楚之下，何求而不得？故囚人不胜痛，则饰辞以视之。"② 其后，反对刑讯的"慎刑"思想在中国此后的封建社会，常为提倡"慎刑"的学者所倡导。

五、罪疑从赦，防止冤滥

疑罪或疑案是在司法实践中经常出现的现象，而疑罪或疑案的处理与司法的指导思想有着密切的关系。在慎刑思想的影响之下，西周确立了罪疑从赦原则。《尚书·吕刑》中记载："五刑之疑有赦，五罚之疑有赦，其审克之"，即是在罪行有疑问的情况下，要减等处理，但态度一定要谨慎，没有事实根据的，便不要论罪。《尚书·大禹谟》中说"与其杀不辜，宁失不经"，颜师古注云："辜，罪也；经，常也，言之命之重，治狱宜慎，宁失不常之过，不滥杀无罪之人，所以宽恕也"，即没有确凿的案件事实，就不要轻易杀人。《后汉书》亦云："夫狱者，天下之大命也，死者不可复生，绝者不可复属。"可见，罪疑从赦，防止冤滥正是慎刑思想的一种具体化。

---

① 《汉书·刑法志》。
② 《汉书·路温舒传》。

六、怜老恤弱，减免刑罚

西周对一些特殊主体的犯罪，采取了特别的宽和政策，这些主体包括老人、妇女、儿童和精神病人。《周礼·秋官》中有"三赦之法"的记载："一赦曰幼弱，再赦曰老耄，三赦曰蠢愚。"即对七岁以下的弱小儿童，七八十岁以上的昏耄老人，智力低下的白痴采取宽宥的政策，赦免其刑罚。《尚书·梓材》中记载："至于敬寡，至于属妇，合由以容"，对于老人与妇女的犯罪，给予一定的宽恕政策，这一原则的价值色彩是极其明显的。对特殊群体减免刑罚正是慎刑的重要表现形式，这一原则为后世所承继，成为我国封建社会一项普遍的法律原则。

以上只是慎刑中六个重要的侧面，未必尽述其丰富的内涵。当然，我们也需注意，封建社会的慎刑思想存在一些局限性，如与封建宗法制度相结合，导致对不同身份和地位的人实行不同的刑罚标准，造成法律的不公平和不平等，这是与现代法治理念格格不入的。

新中国成立之后，慎刑思想在刑事法中得以延续，并形成了具有中国特色的制度。其中之一是死刑缓期二年执行制度，即对于应当判处死刑的犯罪分子，给予两年的缓期，其间如果没有故意犯罪，就必须减为无期徒刑或有期徒刑，它不是独立刑罚，只是死刑的执行方式，但可以缩小死刑立即执行的适用范围。这对于贯彻"少杀、慎杀"死刑政策和促使罪犯改过自新具有重要意义。其中之二是管制刑制度，即对罪行较轻、人身危险性较小的罪犯不予关押，但限制其一定自由，依法实行社区矫正。这是对犯罪分子的一种宽大和温和处置，不剥夺其在社会上生活的机会，避免留下在监执行的烙印，使其有机会悔过自新。

在新时代，中国社会面临着前所未有的机遇和挑战，法治建设也需要不断适应时代发展和社会变化的要求，推进法治中国建设。因此，有必要在新的历史条件下对古代的慎刑理念进行创造性发展，在继承和弘扬中华优秀传统法律文化精华的基础上，结合新时代的实际情况和法治理论的最新成果，对古代的慎刑理念进行创新性转化和发展，使之更加符合现代法治精神和价值取向。在当前的司法实践中，人民检察院和人民法院在继承和弘扬慎刑精神方面都取得了卓有成效的进展，以下两节将加以介绍。

第二节　少捕慎诉慎押：人民检察院对慎刑原则的创新与发展

2020 年初，最高人民检察院提出少捕慎诉慎押的检察司法理念。2021 年 4 月，中央全面依法治国委员会明确提出"坚持少捕慎诉慎押刑事司法政策，依法推进非羁押强制措施适用"，将少捕慎诉慎押司法理念上升为党和国家的刑事司法政策。其后，各级检察机关按照最高检部署，在实践中全面地推动这项新刑事司法政策的落实。少捕慎诉慎押的核心要义是对多数轻罪案件的犯罪嫌疑人、被告人慎重逮捕、羁押和追诉，防止"构罪即捕、一押到底、有罪必诉"。

少捕慎诉慎押是一种创新的刑事司法政策，它继承了中华传统法律文化中的慎刑思想，二者之间的承继关系具体表现在：

其一，都强调德法共治、教化为先。少捕慎诉慎押旨在通过对逮捕、羁押和起诉方式的谨慎适用，对涉嫌轻罪的人施以宽宥，这对于其中的有真正有罪者会产生一种教育感化的作用，促使其有机会悔过自新，修复破坏了的社会关系，最终从根本上来预防犯罪的发生，从而发挥有效社会治理的功能。

其二，都强调谨慎用刑、罪刑相称。少捕慎诉慎押要求在逮捕、起诉和羁押等环节，对犯罪分子实行羁押必要性审查和起诉适当性限制，防止办案人员基于一种治罪的心态匆促用刑；尤其是在犯罪情节轻微的案件中，所涉嫌的犯罪行并不具有严重的社会危害性，因此不宜动辄适用重罪的处置方式，这符合了"中罚"的传统理念。

其三，都强调司法人道、怜老恤弱。古代司法中对涉罪的老幼妇孕残等特殊群体轻缓对待，少捕慎诉慎押则要求将未成年人、老年人、在校学生等不予羁押不致产生社会危害性的犯罪嫌疑人作为该刑事司法政策的适用重点，二者之间价值相通，都体现了司法的人道主义。

其四，都强调仁义司法、防止滥刑，古人讲"哀矜折狱"，要求司法官在审狱时心存仁义，以"哀矜"的心态去面对各种案件和当事人。少捕慎诉慎押要求谨慎适用逮捕、羁押和起诉，其目的就在于避免滥用强制措施和刑事追诉，司法人员树立起一种"仁者"的形象，而司法活动也展示出"仁义司法"的特征。

另一方面，少捕慎诉慎押不是对慎刑思想的简单套用，而在新理念、新形势之下的创新性发展，具体体现在以下五个方面：

其一，少捕慎诉慎押是现代法治理念下的司法政策再造。

少捕慎诉慎押是一种以人为本、尊重和保障人权的司法政策，它不仅关注对犯罪分子的惩罚和教育，也关注对犯罪嫌疑人、被告人人格尊严和合法权益的保护，这避免了古代慎刑原则所固有的局限性。古代的慎刑原则往往与封建宗法制度相结合，导致对不同身份和地位的人实行不同的刑罚标准，造成法律上的不公平和不平等；古代的慎刑原则往往与封建君权相依存，以维护专制统治为依归，注定难以实现真正的刑罚慎用，因此酷刑的出现几乎是不可避免的历史现象。而少捕慎诉慎押是一种符合法治精神和法治原则的司法政策，主张严格遵守刑事诉讼法律规定，坚持罪法定刑、罪刑相适应、量刑适度等原则，保证了刑事诉讼的合法性和正当性。少捕慎诉慎押是一种促进社会和谐稳定的司法政策，它既从严惩治危害国家安全、严重暴力、涉黑涉恶等重大犯罪，又从宽处理轻微犯罪，实现了刑罚的正当性和适度性，促进了犯罪分子的改造和社会的和谐，增强了人民群众的获得感、幸福感、安全感。

其二，少捕慎诉慎押适应了当前我国犯罪结构转变下的轻罪治理趋势与需求。

伴随经济社会快速发展，我国的刑事犯罪形势发生了深刻变化。纵观二十年来的犯罪发展趋势，刑事犯罪在总量上翻了两倍多，新类型犯罪数量大幅上升，刑法立法上呈现出积极主义趋向，许多矛盾纠纷以犯罪的形式进入司法领域，刑罚治理的范围越来越广泛。相应地，犯罪结构也出现了明显的变化：抢劫、杀人等严重暴力犯罪持续下降，检察机关起诉人数从1999年的16.2万人降至2021年的5.9万人；轻微刑事犯

罪占比大幅攀升，判处三年有期徒刑以下刑罚的案件占比从 1999 年的
54.6% 上升至 2021 年的 80.4%。加上检察机关的不起诉案件，整体上轻
罪案件占比更高。[①] 同时，法定犯数量也大幅增长，与暴力伤害、抢劫、
强奸等自然犯相比，法定犯大多主观恶性、社会危险性较小，很多案件
不逮捕、不羁押也能保障诉讼，有些案件不起诉也能实现惩罚、教育、
挽救的效果。加之，认罪认罚从宽制度的适用成为刑事诉讼新常态，认
罪认罚案件占比已达 85% 以上，逮捕、羁押、起诉的必要性不再是理
所当然的事情。少捕慎诉慎押刑事司法政策与认罪认罚从宽制度相互配
合、相互促进，为轻微犯罪案件提供了一种简便、快捷、公正、文明的
处理方式，符合了犯罪形势的现实和人民群众的期待。

其三，少捕慎诉慎押以保障犯罪嫌疑人的人权或权利为宗旨。

古代的慎刑原则具有过分强调君主仁爱和社会稳定而忽视个体权利
的缺陷，而基于现代法治的少捕慎诉慎押则更多地体现了尊重和保障犯
罪嫌疑人、被告人的人权或权利的精神。少捕慎诉慎押要求对多数轻罪
案件的犯罪嫌疑人、被告人慎重逮捕、羁押，依法推进以取保候审、监
视居住等非羁押强制措施作为保障诉讼的主要方式，及时变更、撤销不
必要的羁押。这样可以减少对犯罪嫌疑人、被告人权利不必要的限制和
侵害，避免无辜者受到不公正的待遇。与此同时，少捕慎诉慎押要求办
案机关依法告知犯罪嫌疑人、被告人及其辩护人有关强制措施的决定和

---

① 苗生明:《更好落实少捕慎诉慎押刑事司法政策》,《检察日报》2022 年 11 月 21 日。

变更情况，听取其意见，保证其申请变更强制措施或者申请解除强制措施的权利。这为保障犯罪嫌疑人、被告人的诉讼权利提供了切实的制度保障。

其四，少捕慎诉慎押是新时代能动检察理念的实践化展开。

新时代能动检察理念是指检察机关以高度的政治自觉积极担当作为，主动适应时代发展，充分履行法律监督职责，以检察工作高质量发展服务保障经济社会高质量发展。[①] 能动检察观的核心是强调法律实践活动的社会责任与时代使命，要求检察机关以实现社会发展目标为己任，积极推动法律规则与时俱进，更好地适应新的社会需要。能动检察观鼓励检察机关要敢于站在时代发展的潮头，做推进时代法治进步的积极践行者。能动检察观要求检察机关在办案中注重综合考量各种法律和非法律的要素，兼顾考虑办案的政治效果、社会效果和法律效果，避免单一化的评价标准。能动检察观建立在全面依法治国的大背景之下，以法定主义为前提，不能动摇法治原则；在此基础上，关注需要检察机关发挥裁量权、考虑公共利益、实现个案正义的领域，如逮捕与羁押条件的把握，相对不起诉、附条件不起诉制度的适用等。这正是少捕慎诉慎押司法政策得以产生的动力之一。

其五，少捕慎诉慎押借助于科技赋能取得了良好的实施效果。

科技赋能少捕慎诉慎押政策主要体现于非羁押措施的扩展适用，具

---

① 邵晖：《能动检察的证成与探索》，《国家检察官学院学报》2022 年第 6 期。

体表现以下三个方面：一是可以提高非羁押措施的监管效率和质量。通过运用大数据、区块链、云计算等技术，可以实现对非羁押人员的实时定位、远程监控、智能预警、动态评估等功能，有效防止其逃跑、串供、再犯等风险，同时也给予非羁押人员相对自由的时间和空间，保障其正常工作、学习、生活。例如，"非羁码"是一款类似于健康码的App，能够对非羁押人员进行有效监管，通过外出提醒、违规预警、定时打卡、客观评分、不定时抽检等多重功能，确保被监管人能够在必要的监管下回归日常生活。[①] 二是可以提高非羁押措施的适用范围和精准度。通过运用社会危险性量化评估、社会调查评估等机制，可以根据不同罪名、不同主体、不同情况，科学合理地判断是否适用非羁押措施，以及适用哪种非羁押措施，避免一刀切或者滥用逮捕。例如，对于涉案企业和民营企业家，可以考虑适用相对不起诉或者缓刑，并采取数字监管方式，有利于维护企业正常生产经营。三是可以提高非羁押措施的公平公正性和可信度。通过运用数字化证据管理、区块链存证等技术，可以实现对非羁押人员的监管数据和行为轨迹的全程留痕和加密保护，防止数据篡改或者泄露，保障非羁押人员的个人隐私和人格尊严。同时，也可以为监管机关提供客观可靠的证据和依据，支持其作出合理合法的决定或者救济。

总之，少捕慎诉慎押政策的形成是人民检察院对古代慎刑原则进行

---

① 《"非羁码"监控措施的探索与创新》，《潇湘晨报》2022年6月24日。

创造性转化与创造性创新的典型范例。从古老司法原则到现代刑事司法政策，不仅有理念层面的去粗取精和包容式再造，也有制度层面的精细转换，更有实践的试点与检验，这为中华优秀法律文化的创造性转化与创造性创新提供了一个非常有价值的样板。

第三节 刑罚权的谦抑行使：人民法院对慎刑原则的创新与发展

如果说少捕慎诉慎押是人民检察院将古代的慎刑思想在审前程序中进行创造性转化的成果，那么，在审判程序中，人民法院对慎刑精神的继承和弘扬，主要体现在刑罚权的谦抑行使。刑事审判是定罪量刑的关键阶段，也是继承和弘扬慎刑原则的重点领域。古代的慎刑原则主张对犯罪者施以适当而有节制的刑罚，体现了仁爱、宽恕和教化的精神，这与现代的刑法谦抑主义原则具有共同的价值取向和目标，都是从人性和人道的角度出发，对刑罚进行限制和平衡，尽量减少对犯罪者的惩罚，以实现公正与宽容的统一。在刑事审判活动中，人民法院将古代的慎刑精神与现代刑事法制度有机结合起来，通过刑罚权的谨慎与谦抑行使来体现了刑法的克制性与补充性，避免滥用或过度使用刑罚，以实现刑罚的正当目的和良好的社会效果，具体体现为以下五个方面：

其一，落实证据裁判原则和疑罪从无原则。

证据裁判，是指对于案件争议事项的认定，应当依据证据。证据裁判原则要求裁判的形成必须以达到一定要求的证据为依据，没有证据不得认定犯罪事实。① 这一原则着力从事实认定的角度来防止办案机关滥用或过度使用刑罚权，实现法治和人权的价值。疑罪从无是指在刑事诉讼中，如果对犯罪嫌疑人的犯罪事实不清楚，或者证据不确实、充分，不能证明他有罪的话，就应该认定他无罪，或者不起诉他，或者判决他无罪。疑罪从无原则是一种价值选择，作为一种有利于被追诉人的价值选择，内含着刑法谦抑和不冤枉无辜者的宽容精神。②

在刑事审判中，证据裁判原则和疑罪从无原则的落实主要表现以下几个方面。一是严格遵循法定程序，全面、客观地审核证据：司法人员依据法律的规定，遵循职业道德，运用逻辑推理和日常生活经验，对证据有无证明力和证明力大小独立进行判断，对于证据不足或者有合理怀疑的情况，慎重处理，不得轻易定罪处刑。二是发挥审判活动在刑事诉讼中的中心作用，规范审前程序办案人员的取证行为：对于办案人员以侵犯犯罪嫌疑人、被告人宪法权利方式取得的证据，要依法排除或者不予采信。三是注重证据的质量和效果：以能够真实、客观、充分地反映案件事实的证据为优质证据；在收集、固定、提交、质询、审查、评价、采信等各个环节中，都十分注意提高证据的质量和效果，避免出现无效或者低效的证据。四是充分尊重当事人的诉讼权利：保障当事人在诉讼中享有法律规定的举证、质证和辩论等权利，尤其是在法庭调查环

---

① 宋英辉、李哲：《证据裁判原则评介》，《政法论坛》2003 年第 4 期。
② 胡云腾：《疑罪从无原则的立法嬗变与司法适用研究》，《湘湘法学评论》2021 年第 1 期。

节中，保障当事人对有利证据的举证权，对不利证据的质证权；在法庭辩论环节中，保障当事人对各种证据都有提出意见质疑和申辩的权利。

五是正确适用证据标准：在审理案件时，遵循案件事实清楚、证据确实充分、排除合理怀疑的证明标准，不以可能性推测或者主观臆断作为裁判依据，如果证据之间存在明显矛盾，证据与指控的事实之间不能形成完整证据链条，没有达到内心确信并排除合理怀疑的，则依据疑罪从无原则，依法作出证据不足、指控的犯罪不能成立的无罪判决。

其二，在形式入罪的基础上重视实质出罪。

"形式入罪、实质出罪"又被称为"入罪依法、出罪依理"[①]，即：法官在司法中的入罪判断一定建立在明确的刑法规定基础上，但即便是在法律明确规定为犯罪的情况，行为人仍然有可能基于一些实质性理由不作为犯罪处理。所谓"形式入罪"体现为刑事审判对罪刑法定原则的坚守。罪刑法定原则是指法律明文规定为犯罪行为的，依照法律定罪处刑；法律没有明文规定为犯罪行为的，不得定罪处刑。这一原则旨在保障人民的合法权利和人格尊严，防止国家滥用或过度使用刑罚权，体现法治和人权的价值。它要求，只能根据具体、明确、确定的法律规定来认定犯罪和适用刑罚，不得将模糊、含混、不确定的法律规定作为处罚依据，也不得将没有成文的习惯法、道德规范、社会公认等作为处罚依据，更不得将类似或近似的法律规定比附或类推适用于没有明文规定的

---

① 陈兴良：《刑事司法改革离不开刑法观念指导》，《检察日报》2022 年 10 月 11 日。

行为。这一要求也被称为"禁止模糊法""禁止习惯法"或"禁止类推适用"。

实质出罪是指行为虽然形式上符合犯罪构成要件，但如果实质上并没有达到应受刑罚处罚程度的法益侵害性，或者用我国刑法的"但书"话语——"但是情节显著轻微危害不大的"，则不应认定为犯罪。[①] 它要求在适用刑罚时要谨慎，避免滥用刑罚，尊重人权，体现仁爱之心。这虽然体现了中国古代司法"哀矜折狱""原情定罪"的精神，但基于现代刑法体系又会产生新的方法论。例如，通过对构成要件、违法性、有责性等犯罪论要素的实质解释，将不具备处罚合理性的行为予以出罪。这种方式以刑法教义为支点，注重规范正义和价值正义的统一。又如，对于正当防卫、紧急避险等排除犯罪事由的行为，或者对于未成年人、老年人、怀孕妇女等特殊主体的犯罪行为，根据案件情况从轻、减轻或者免除处罚。再如，合理引入社会效果判断，注重矫正正义，强调对犯罪行为的社会危害性和违法性的综合评估，将不具备处罚必要性的行为予以出罪。还如，对于轻微犯罪案件，借助于简易程序、速裁程序、认罪认罚从宽、自诉调解、公诉和解等机制，促成被害人与犯罪嫌疑人、被告人之间的和解与谅解。

其三，根据重罪案件的特点谨慎行使刑罚权。

重罪案件多数案情重大，涉及危害国家安全、公共安全和生命安

---

① 刘艳红：《实质出罪论》，中国人民大学出版社2020年版，第5—6页。

全，容易受到社会各方关注甚至舆情影响，但法官司法不能因为被告人被指控的罪行严重就施行过度的刑罚，仍然要秉持一颗公正之心来谨慎行使刑罚权。首先，应正确认定犯罪事实和准确适用法律，遵循无罪推定、证明责任倒置、疑罪从无等原则，防止错案冤案的发生。对于证据不足或者有合理怀疑的情况，要慎重处理，不得轻易定罪处刑。尤其是对拟判处死刑的具体案件定罪或者量刑的证据必须确实、充分，得出唯一结论，对于罪行极其严重，但只要是依法可不立即执行的，就不应当判处死刑立即执行。其次，应注重区别对待不同案件类型及同一类型案件中的不同情况，综合考虑被告人的主观恶性、社会危害性、悔罪态度、赔偿情况等因素，灵活适用法定量刑幅度和酌定量刑原则，避免一刀切和量刑失衡。对于有自首、立功、认罪悔罪等从轻或者减轻处罚情节的，可以适当从轻或者减轻处罚；对于有累犯、教唆未成年人犯罪等从重处罚情节的，要依法从重处罚。对于重罪案件，法官判罚时既要体现对犯罪的严厉打击，但同时也不能随意剥夺被告人可得的从宽利益，应当做到罚当其罪，实现刑罚法律效果和社会效果的有机统一。

其四，根据轻罪案件的特点谨慎行使刑罚权。

我国犯罪结构正在经历重大变动，可概括为"总量持续递增""内部轻、重犯罪加速分化"的突出特征。[1] 对轻罪的治理应针对轻罪案件

---

[1] 樊崇义：《中国式刑事司法现代化下轻罪治理的理论与实践》，《中国法律评论》2023年第4期。

的特点，进行专门、特别的积极治理。其体现慎刑精神的要点在于，能用非刑事手段处理的案件，尽量不用刑事手段处理。具体而言，应当从两个方面入手：第一，正确适用诉讼程序，实现程序简化和效率提高。对于案件事实清楚、证据确实充分，犯罪嫌疑人、被告人承认自己所犯罪行，对适用法律无异议，可能判处三年以下有期徒刑或者管制、拘役、单处罚金等轻微刑罚的案件，可以依法适用简易程序或者速裁程序进行审理。这些程序可以简化或者省略一些诉讼环节和文书，缩短审理时限，提高审理效率，减轻司法资源负担。第二，正确适用量刑标准，实现刑罚从宽和教育挽救。根据《中华人民共和国刑法》的规定，对于情节较轻、社会危害性较小的犯罪，或者具有法定或者酌定从轻处罚情节的犯罪，可以依法从轻、减轻或者免除处罚。对于依法可不判处监禁的犯罪，可以尽量适用缓刑或者管制、单处罚金等非监禁刑。对于认罪认罚、积极赔偿损失、取得被害人谅解等情况的犯罪，可以依法从宽处理。这些措施可以体现对轻微犯罪的宽容态度，给予被告人改过自新的机会，促进社会和谐。

其五，刑事审判注重社会关系的修复。

刑事审判注重社会关系的修复，是指在刑事审判中，不仅要考虑对犯罪人的惩戒和教育，还要考虑对被害人的赔偿和安抚，以及相关社区秩序的恢复和重建，通过司法与非司法手段，促进犯罪人、被害人和社会之间的沟通、理解和和解，减少犯罪对社会关系造成的破坏和影响。司法人员在依法惩罚犯罪的同时，应尽可能通过调解、和解等方式化解社会矛盾，促进被害人与犯罪嫌疑人、被告人之间的和解谅解，帮助犯罪嫌疑人、被告人复归社会。对于有赔偿能力和意愿的，要积极引导其进行赔偿；对于无赔偿能力或者意愿的，要依法强制执行赔偿义务。同时，司法人员还应适用恢复性司法理念和方法，实现司法与社会治理相衔接。恢复性司法是指在调解人帮助下，被害人、犯罪人和任何其他受犯罪影响的个人或社区成员，共同积极参与解决由犯罪造成的问题的程序。① 在刑事审判中，可以根据案件情况，在必要时采取调解、缓刑监督、社区矫正等措施，在保障当事人权利、尊重当事人意愿、符合法律规定等前提下，通过沟通交流、赔偿道歉、教育帮扶等方式，实现犯罪人、被害人和社区之间关系的修复和重建。

①　秦策：《恢复性正义理念下的被害人权利保护》，《法制现代化研究》2008年第12卷。

第四章

宽猛相济原则的现代司法价值

党的二十大报告提出：全面依法治国是国家治理的一场深刻革命。中华文明积累了丰富的国家治理智慧，宽猛相济便是其中之一。这本是一项治国方略，后来转化成司法原则。当代宽严相济的刑事政策正是对宽猛相济原则的创造性继承。但是，宽猛相济原则之中仍然存在着更为精妙的内涵，值得加以进一步揭示。

第一节 "宽猛相济"的内涵

一、作为治国方略的"宽猛相济"

"宽猛相济"语出孔子对子产执政思想的评价。子产是春秋时郑国正卿，为郑执政，颇有政绩。据《左传·昭公二十年》记载，他在临终前告诫子太叔说："惟有德者能以宽服民，其次莫如猛。夫火烈，民望而畏之，故鲜死焉。水懦弱，民狎而玩之，则多死焉。故宽难。"子产希望子太叔根据情况适用"宽政"或"猛政"来治国。子产死后，"太叔为政，不忍猛而宽。郑国多盗，取人于萑苻之泽。太叔悔之，曰：'吾早从夫子，不及此。'徒兵以攻萑苻之盗，尽杀之，盗少止"。孔子对子产的这一思想推崇备至，《左传》附载他的评价："善哉！政宽则民慢，慢则纠之以猛；猛则民残，残则施之以宽。宽以济猛，猛以济宽，政是以和。"然后，孔子又援引《诗经》来进一步阐述"宽"与"猛"的意旨："《诗》曰：'民亦劳止，汔可小康；惠此中国，以绥四方。'施之以宽也。'毋从诡随，以谨无良；式遏寇虐，惨不畏明。'纠之以猛也。"孔子对宽猛相济的治国手段是推崇备至的，他直接将这一原则与社会理想联系起来，引用《诗经》中的话说："'柔远能迩，以定我王。'平之以和也。又曰：'不竞不絿，不刚不柔，布政优优，百禄是遒。'和之至也。"在孔子看来，只有实行宽猛相济才能实现"政和""人和"的理想境界。

原初意义上的宽猛相济并不是一个单纯意义上的司法原则，而是一种治国方略，或者说是实现儒家理想和谐社会的政治措施。这里的"宽"与"猛"，实际上是"德"与"刑"的同义语，宽猛关系，实际上就是礼法关系，社会治理要达致"和"的境界，既要强调道德教化，又要适时地实施刑罚，有时以"宽"，有时以"猛"，德与刑、宽与猛的互济互补，相辅相成，可以实现社会的平衡与和谐。具体而言，"宽"是指统治者在治理国家时应宽和、怀柔和施以恩惠，实行仁政，注重以德化民，养民生息，维护社会稳定，使百姓生活富裕，国力增强。"猛"是指统治者严格法制，对违法犯罪者施以处罚，实行严格的管理，使百姓感受法律的威严，自觉地遵纪守法。统治者应当认识到"宽"与"猛"是两种性质迥异、各具所长的方法，两者是可以互相配合运用的。如果说子产只注意到宽猛的兼用，那么，孔子显然进一步看到了这两种手段之间有机结合、取长补短的关系，强调一个"济"字，即"宽以济猛，猛以济宽"，使宽猛相济原则的含义更加完备与丰富。

不过，从儒家思想的基本立场出发，孔子的宽猛相济还是有主有次的，即德主刑辅。子产看到了宽与猛作为两种手段的难易不同，"宽"是一种理想的政治，要做好很难，惟"有德者"才能"以宽服民"；而以"猛"，使"民望而畏之"要相对容易一些，一般的统治者也能做到。子产虽然也认识到宽与猛是有高下之分的，但似乎并不强求统治者达到最佳境界，而是要根据自己的具体情况来加以运用。孔子具有更加明确的立场，旗帜鲜明地强调德主刑辅，教化为本。他主张统治者须"为政以德，譬如北辰，居其所而众星共之"[1]。《论语·颜渊》还记载："季康子问政于孔子曰：'如杀无道，以就有道，何如？'孔子对曰：'子为政，焉用杀？子欲善，而民善矣。君子之德风，小人之德草。草上之风，必偃。'"朱熹注曰："为政者，民所视效，何以杀为？欲善则民善矣。"[2] 因此，德是立国之本，行政手段的强制性和严刑峻法的威慑力只能治标，而不能治本，道德教化比刑罚手段更重要，在这个意义上，宽比猛更加重要。

如此看来，孔子对宽猛相济的阐释可以找到更为悠远的思想源头，即西周的"德治"学说。西周统治者总结了殷商暴政亡国的教训，提出了"以德配天"与"明德慎罚"的思想。这一思想中所包含的一些因素

---

① 《论语·为政》。
② 《四书章句集注·论语集注·颜渊第十二》。

如敬刑为德、以德化人、教而后刑、德刑并用、以刑辅德、慎重用刑显然是孔子后来提出的宽猛相济原则的渊源。西周统治者早就认识到，刑虽然是治理社会不可或缺的基本手段，但应将其放于恰当的位置上，无论是立法还是司法都要以宽缓、审慎为原则，"刑"本身并不是目的，政治的根本在于使民向善。自然，之所以贯彻"明德慎罚"的指导，其最终目的还是要强调其治权的合法性即"以德配天"，维护其统治得以长治久安，但是，其中所蕴含的慎刑保民思想仍有其积极意义。孔子一生对周公推崇备至并以恢复西周礼制为目标，我们在其宽猛相济的思想中显然看到了西周"德治"学说的延续与影响。

二、作为司法原则的"宽猛相济"

司法活动是社会治理的一个重要组成部分，而宽和与严格又是用刑适法的两种向度，因此，"宽猛相济"演化为一种司法原则就是顺理成章的事情了。孔子曾担任鲁国的大司寇之职[①]，有着丰富的司法实践经验。而他的"听讼"活动也必然贯穿着宽猛相济的基本精神。以下从主要孔子的言论、实践以及西周的制度谈谈作为司法原则的"宽猛相济"。

第一，司法须以"和"为贵，以"德"化民。

孔子主张，无论是"宽"还是"猛"，都是手段，都以"和"为最终目标。孔子说："听讼，吾犹人也，必也使无讼乎！"[②] "无讼"是孔

---

① 《史记·孔子世家》。
② 《论语·颜渊》。

子的司法理想，在这个理想境界里，为政者实施德政，哀矜折狱，"胜残去杀"①，从而形成了良好的社会风气，"老者安之，朋友信之，少者怀之"②。这种理想在西周其实就有明确的表述："典狱，非讫于威，惟讫于富"，"惟敬五刑，以成三德"③；"勿庸杀之，姑为教之"④。孔子认为："道之以政，齐之以刑，民免而无耻；道之以德，齐之以礼，有耻且格"⑤，主张"不教而杀谓之虐"⑥。这种司法理想的实现却不是人人都能做到的，用"宽"还是用"猛"，跟统治者或司法者"德"之深浅是紧密相关的。统治者有德，自然会将在人民心中产生一种向心力，百姓如群星拱卫北极星护卫于四周。子产说："唯有德者能以宽服民，其次莫如猛。"如果统治者缺乏足够的道德力量，就只能用猛，而不能用宽，这就对统治者或司法人员提出了较高的要求。

第二，刑分三典，轻重有权，五刑可赦，审慎用之。

虽然孔子将"无讼"作为"政和"的一个重要指标，但是，他并没有轻视刑罚的意思，对孔子"为政以德""道之以德"之类的论述，不可以作绝对化的理解，宽猛相济之中已包含了用刑必要性的成分。从历史上看，古代帝王治理国家莫不重视法和刑，夏时有《禹刑》，商时有

① 《论语·子路》。
② 《论语·公冶长》。
③ 《尚书·吕刑》。
④ 《尚书·酒诰》。
⑤ 《论语·为政》。
⑥ 《论语·尧曰》。

《汤刑》，周时有《九刑》，但如何制刑与司法活动中能否贯彻宽猛相济却是有着很大关系的。《周礼·秋官·大司寇》中记载："大司寇之职，掌建邦之三典，以佐王刑邦国，诘四方：一曰刑新国用轻典，二曰刑平国用中典，三曰刑乱国用重典。"此处"新国"是指新建立的邦国，"平国"是指守成之国，"乱国"是指民风恶化、积重难返的邦国。将法律区分为"轻典""中典"和"重典"有助于在司法实践中根据社会或者案件的具体情况，来加以区别对待，以体现宽猛相济之意。不过，对轻与重、宽与猛，不可机械地加以理解。即使是一些看起来比较严重的违法犯罪，也不可滥刑，而应心怀悲悯，发现可恕之处。在《吕刑》中就规定了五刑皆有可赦者，"五刑之疑有赦，五罚之疑有赦，其审克之"。对判处"五刑"有疑者，减等按"五罚"定罪；对判处"五罚"有疑者，可以免于处罚，以体现慎刑原则，在一定意义上，慎刑可以成为宽猛相济原则的一个组成部分。

第三，乱国首恶，重典可用，当杀之人，不可不杀。

在处理违法犯罪的司法活动中，轻刑代表了宽猛相济原则中"宽"的一面，但缺乏了"猛"的一面，宽猛相济原则亦不能完成，也未必能够实现"政和"的目标。子产死后，太叔为政，政宽民慢，盗贼聚集，就是一个例证。西周统治者虽然主张"明德慎罚"，但也不否认"刑兹无赦"[1]的情形。《尚书·康诰》中说："人有小罪，非眚，乃惟终，自

---

① 《尚书·康诰》。

作不典，式尔，有厥罪小，乃不可不杀。"看来，即使是犯了小罪，如果是惯犯、累犯，主观恶性大，是不可不杀的；更何况那些"不孝不友"的"小人桀雄"。子产也认为："为刑罚威狱，使民思忌"，适当地实施重刑，可以达到"民望而畏之，故鲜死焉"的目的。① 孔子虽然主张道德优先于刑罚，反对以刑罚为道德之先，但却似乎并不完全反对重典的适用。在其不多的司法实践之中，他曾经果断诛杀少正卯。《荀子·宥坐》中记载："孔子为鲁摄相，朝七日而诛少正卯。门人进问曰：'夫少正卯，鲁之闻人也。夫子为政而始诛之，得无失乎？'孔子曰：'居，吾语汝。其故人有恶者五，而盗窃不与焉。一曰心达而险，二曰行辟而坚，三曰言伪而辩，四曰记丑而博，五曰顺非而泽。此五者有一于人，则不免于君子之诛，而少正卯兼有之。故居处足以聚徒成群，言谈足以饰邪营众，强足以反是独立，此小人之桀雄也，不可不诛也。'"对于历史上孔子是否的确诛杀过少正卯，并非没有反对意见。一些学者从孔子"不教而杀谓之虐""子为政，焉用杀"的只言片语出发，认为他不可能实施这种严厉的诛杀行为。但是，孔子从来就没有否认过刑杀的必要性，他不仅为郑国执政子大叔"尽杀盗贼"的行为击节叫好过，而且，对"犯上作乱"的人进行诛杀，也符合其宽猛相济的思想。更何况，少正卯思想活跃、言辞大胆，孔子对他的定性是鼓吹邪说、扰乱国政，这类思想上"犯上作乱"的人，这与孔子所倡导"慎言""慎行"②

---

① 《左传·昭公二十年》。
② 《论语·八佾》。

和"矜而不争"①的君子形象相背离，甚至直接危及他所谋求的思想大一统，作为鲁国大夫的少正卯自然难逃"圣人之诛"了。②在此，笔者无意对孔子诛杀少正卯的行为进行价值评判，只想说明对一些特定的犯罪、特定类型的人，孔子也是主张可用"重典"的，这正是其宽猛相济思想的必然结论。

孔子的明确表述与倡导，使宽猛相济成为历朝历代的一项重要治国与法律原则，而司法活动正是践行这一原则的重点领域。如唐朝长孙无忌在《进律疏表》中对宽猛相济原则给予了充分的肯定，他说："轻重失序，则系之以存亡。宽猛乖方，则阶之以得丧。"③即如果用刑轻重不分，次序混乱，可能会关系到国家社稷的存亡问题；如果刑罚宽猛无方，就会导致国家的施政失坠。又如《明史·刑法志》在评述朱元璋的司法活动时也试图用宽猛相济来为他粉饰："盖太祖用重典以惩一时，而酌中制以垂后世。故猛烈之治，宽仁之诏，相辅而行，未尝偏废也"。可见，宽猛相济也是中国古代社会一以贯之的司法原则。

第二节　当代宽严相济刑事政策对宽猛相济原则的继承

宽严相济刑事政策是我国的基本刑事政策，它形成于党和国家与敌对势力和犯罪分子的长期斗争实践，是我国刑事司法工作的经验总结。

---

① 《论语·卫灵公》。

② 参见马作武：《孔子法思想辨正》，《法学评论》1998 年第 1 期。

③ （唐）长孙无忌等：《唐律疏议》，中华书局 1983 年版，第 577 页。

新中国成立之初，我国在刑事法制领域奉行"镇压与宽大相结合"的对敌斗争策略；"文革"以后，这一策略进一步演变为"惩办与宽大相结合"的预防和控制犯罪的刑事政策。1979 年《中华人民共和国刑法》将这一政策作为制定刑法的依据。"宽严相济"一般被认为是由"惩办与宽大相结合"转化而来的新提法。2002 年，最高人民检察院针对职务犯罪提出了八项刑事政策，其中包括了"区别对待、宽严相济"的表述。在 2004 年 12 月 7 日召开的全国政法工作会议要求各级政法机关"认真贯彻宽严相济的刑事政策"，这一政策逐步定型化。从渊源来看，宽严相济刑事政策是惩办与宽大相结合刑事政策在新时期的调整与修正，其内涵更加科学与合理。

何谓宽严相济？根据 2006 年最高人民检察院工作报告，宽严相济刑事政策的核心在于"区别对待"，即对于严重的刑事犯罪采取严厉打击的态势，在程序上依法快捕快诉，在实体上做到该严则严；对于轻罪案件，例如主观恶性较小、犯罪情节轻微的未成年人初犯、偶犯和过失犯，则贯彻教育、感化、挽救方针，在程序上慎重适用逮捕措施，可捕可不捕的不捕，同时也慎用起诉措施，可诉可不诉的不诉，在实体上做到当宽则宽。当然，"宽"不是指法外施恩，"严"也不是指无限加重，宽严相济仍然是建立在严格依照法律的基础上，但要根据具体的案件情况来打击犯罪，做到罚当其罪。具体而言，宽严相济刑事政策可以从"宽""严"和"济"三个方面来加以理解。

一是"宽"。这应当理解为刑罚的轻缓与处理上的宽大。具体可以分为"该轻而轻"和"该重而轻"两种情况：前者是指罪轻刑轻，即对于犯较轻之罪的行为人，给予较轻的处理，这是罪责刑相一致原则的应有之义；二是罪重刑轻，即对犯重罪的行为人，本应承受较重的刑罚，但由于法定或酌定从宽处理情节，而给予较轻的处理。关于轻罪和重罪的划分，目前理论界仍然存在争议。"实质标准说"主张依犯罪性质来划分轻罪和重罪，"形式标准说"主张依犯罪的法定刑轻重作为划分轻罪和重罪。如有学者主张以 3 年有期徒刑为界线来划分，应判处 3 年以下有期徒刑之罪属于轻罪，应判处 3 年以上有期徒刑之罪属于重罪。[①]不过，无论是"该轻而轻"还是"该重而轻"的情形，不仅要考虑犯罪的性质或者法定刑的轻重，还应当考虑犯罪人的情况，诸如未成年人、聋哑人或者盲人、孕妇或哺乳期的妇女、严重疾病患者等犯罪人，或者属于初犯、偶犯、过失犯、中止犯、从犯、胁从犯等，对这些犯罪人给予轻缓化的处理。所谓轻缓化的处理，既包括实体上的非刑罚化和执行上的非监禁化。也包括程序上简易化和非刑事化。

二是"严"。这既含有"严厉"之意，也含有"严格"之意。"严厉"是指在实体上（如判处较重刑罚）或程序上给予较为严厉的处理（如采取较为严厉的强制性措施）。它包括两种情况：一是罪重刑重，即犯重罪者应当承受较重的刑罚。对于有组织犯罪、恐怖主义犯罪、黑恶势力犯罪、严重暴力犯罪或者严重影响群众安全的多发性犯罪作从重处理，

---

① 参见周振想主编：《刑法学教程》，中国人民公安大学出版社 1997 年版，第 271 页。

对人身危险性大的犯罪人也作从重处理，体现为在实体上处以较重的刑罚，直至适用死刑；在程序上则要求适用普通程序，加以较严厉的程序措施。二是罪轻刑重，即根据刑罚个别化原则，对一些虽然犯轻罪的犯罪人，虽然本应负相对较轻的刑事责任，但由于存在特定的从重情节，如教唆不满18周岁的人犯罪、累犯等，因此需要承受较大的刑事责任和较重的刑罚。而"严格"则是指执法上的有法必依，应当作为犯罪处理的情形一定要作为犯罪处理，该受刑罚制裁的一定要受到刑罚制裁，如严格遵循法律要求来适用从重量刑的情节或慎用死刑等。

三是"济"。宽严相济，最为重要的还是在于"济"。这里的"济"，是指救济、协调与结合之意。因此，宽严相济刑事政策不仅指对于犯罪应当有宽有严，而且在宽与严之间还应当具有一定的平衡，互相衔接，形成良性互动，以避免宽严皆误结果的发生。换言之，在宽严相济刑事政策的语境中，既不能宽大无边或严厉过苛，也不能时宽时严，宽严失当。在此，如何正确地把握宽和严的度以及如何使宽严形成互补，从而发挥刑罚最佳的预防犯罪的效果，确实是一门刑罚的艺术。[①] 这显然必须考虑两者之间的相互配合、相辅相成的关系。

我国"宽严相济"刑事政策一定程度上吸收了西方"两极化"或"轻轻重重"刑事政策中的积极因素。在西方，刑事政策产生之初，重刑主义思想也是十分严重的。后来由于人权运动的推动，刑事政策逐渐

---

① 陈兴良：《宽严相济刑事政策研究》，《法学杂志》2006年第2期。

朝轻缓方向发展。自 20 世纪中期开始，受目的刑理论的影响，一场以非犯罪化和非刑罚化为主题的刑法改革运动得以开展，其基本特色也是朝向刑罚轻缓化的趋势。至 20 世纪后半期，犯罪数量增多，犯罪朝有组织化和国际化的方向发展，恐怖主义犯罪增多，经济犯罪越来越严重，各国公民的安全感普遍下降，人们开始倾向于支持以惩罚为目的的刑事政策。于是，西方国家普遍开始对原有刑事政策作出调整，增加了严厉打击的成分，出现了"轻轻重重"的复合型政策，即在强调对轻微犯罪实行轻缓性制裁的同时，也强调对严重犯罪采取较为严厉的制裁措施。

"轻轻重重"体现了刑事政策的两极化发展趋势。日本学者森下忠指出："第二次世界大战后，世界各国的刑事政策朝着所谓'宽松的刑事政策'和'严厉的刑事政策'两个不同的方向发展，这种现象称为刑事政策的两极化。"① 这是一种两极化的刑事政策。具体而言，"轻轻"就是对轻微犯罪，包括偶犯、初犯、过失犯等主观恶性不大的犯罪，处罚较以往更轻，在基本策略上表现为各种非刑事化的处置，具体包括刑事立法上的"非犯罪化"、刑事司法上的"非刑罚化、程序简易化"、刑事执行上的"非机构化、非监禁化"等。"重重"就是对严重的犯罪，诸如暴力犯罪、有组织犯罪、毒品犯罪、累犯等，处罚较以往更重，基本策略是刑事立法上的"入罪化"、刑事司法上的"从重量刑、特别程

---

① ［日］森下忠：《犯罪者处遇》，白绿铉译，中国纺织出版社 1994 年版，第 4 页。

序和证据规则"和刑事执行上的"隔离与长期监禁"。①

　　从其基本内涵来看，轻轻重重政策与宽严相济政策颇有异曲同工之妙，也体现了我国和西方国家在刑事政策发展上殊途同归的趋势。我国素有重刑主义的法制传统，重视打击犯罪，忽视人权保障，"严打"的刑事政策则是这一传统的体现。随着人权保障观念的深入人心，人们开始关注对犯罪人的处遇，提倡人道主义思想，主张刑罚的轻缓化，这大致是一条"由重而轻"的调整路线。而在西方国家，刑事政策朝轻缓方向发展之后，在面对犯罪新形势之后重新开始强化对犯罪的打击力度，这大致是一条"由轻而重"的调整路线。可见，只强调"从重打击"，会导致刑罚权的过度扩张；而只注重"轻刑化"，又会造成刑罚功能的削减和丧失，理想的状态则是在二者之间形成恰当的兼用相济之关系。

　　"宽严相济"与"宽猛相济"仅一字之差，这已经昭示了它们之间的渊源联系。当代宽严相济刑事政策既是对西方先进法制文明的借鉴，也是新中国成立以来我国同违法犯罪的斗争实践经验的总结。前者指它在一定程度上吸收了国外"轻轻重重"刑事政策中的积极因素，后者则指新中国应对犯罪的基本策略在发展中逐步完善，历经"镇压与宽大相结合政策""惩办与宽大相结合政策"至当下的"宽严相济刑事政策"，在经验中发展，在实践中调整，日趋合理与完备。从这个意义上说，我们似乎应将宽严相济视为一种全新的刑事政策或司法原则，但我们也不

①　孙力、刘中发：《"轻轻重重"刑事政策与我国刑事检察工作》，《中国司法》2004年第 4 期。

能否认宽严相济刑事政策与古代宽猛相济原则存在着明显的继承关系，事实上，剔除了封建法制中的糟粕成分，古代围绕宽猛相济原则的制度与实践中所包含的优秀因素仍然可以在当代焕发生命力，甚至可以有直接的指导作用。

第三节　宽猛相济原则深刻内涵之再揭示

宽严相济刑事政策是对宽猛相济原则的传承和创造性转化，但是由于宽猛相济原则既是司法原则又是治国原则的特性，因此包含着更为广泛的意蕴，其中的内涵值得作进一步的揭示，以期为当下的司法实践提供有益的启示。

一、宽与猛的恰当顺序

区别对待是宽猛相济原则的基础含义，正如学者所言："具体刑事犯罪的社会危害性各异，犯罪人的人身危险性也不尽相同。从控制犯罪的策略出发，要有意识地寻求、利用这些差别。通过对不同情况的不同处遇，从而有效地维护社会治安，促进社会和谐。"[①] 区别对待原则指刑事诉讼应当根据不同的案件性质、适用对象、时空情境，以及所干预或侵害的权利属性，所保护的公共利益的重要或者迫切程度来进行设置，它要求刑事追究措施，特别是限制、剥夺犯罪嫌疑人、被告人基本权利的措施在其种类、轻重上，应当与所追究的犯罪行为的社会危害性相匹

---

① 赵秉志：《和谐社会构建与宽严相济刑事政策的贯彻》，《吉林大学社会科学学报》2008 年第 1 期。

配，对于轻微的犯罪，不容许适用严厉的追究措施。这一点与刑法中的罪刑相适用原则具有一致性。

不过，宽猛相济原则之中还包含着更深层次的一种含义，即如何对宽与猛作出恰当的顺序安排，换言之，司法者在面对宽的措施与猛的措施时，在顺序上他应当优先考虑哪一个？按照孔子对宽猛相济原则的理解，刑罚的宽猛关系实际上是德刑或者礼法关系的体现，虽然一般意义上二者是并重的，但在关键节点或终极取向上终究是德主刑辅、教化为本，道德教化比刑罚手段更重要，而宽的措施也应当比猛的措施处在优先位置。具体来说，司法者在面对宽的措施与猛的措施时，应当先行考虑适用宽的措施，只有根据法律要求难以适用宽的措施时，才能适用猛的措施。

这种"先宽后猛"的顺序安排对于司法的文明化与人道化具有重要意义。例如，在处理刑民交叉或刑行交叉案件时，"先宽后猛"要求司法者应当坚持刑罚的最后手段性，即在民事、行政等其他法律手段能够有效调整社会关系、规制违法行为时，就没有必要动用刑罚手段，从而使刑罚适用的范围得以收缩、抑制和内敛，而整体法律体系却呈现出宽和的特色。又如，在适用具体行政行为，"先宽后猛"要求行政机关遵循比例原则中的必要性分析，即在能够相同有效达成法定目的的手段中，应当选择对公民权利或利益限制、损害最小的方式。再如，在刑事诉讼中适用强制措施时，"先宽后猛"要求应当优先适用限制人身自由（如取保候审、监视居住）的强制措施，而不是剥夺人身自由（如羁押）的强制措施，联合国刑事司法准则倡导"审前羁押应当作为刑事程序中的最后手段加以使用"①，其实也正是"先宽后猛"原则法理相通的另一种表述。

二、宽与猛的辩证包容

中国古代的宽猛相济原则除了要求对不同的罪刑类型和被告人进行适当区分，并采取区别对待的处刑方式之外，尚有更加细致精妙之处，即主张"宽"中有"猛"，"猛"中有"宽"，反对对"宽"与"猛"作机械的理解。《尚书·康诰》说："人有小罪，非眚，乃惟终，自作不典，式尔，有厥罪小，乃不可不杀；乃有大罪，非终，乃惟眚灾，式尔，既道极厥辜，时乃不可杀。"意思是说，有人犯了小罪，本应处以较宽和的刑罚，但由于其他情节较重，如屡犯不改、主观恶性大，因此仍然可以从严处理；而犯了大罪的，由于是过失偶犯且能悔改，仍然可以获得较轻的刑罚。即使是对死刑这样的重大犯罪，仍然可以视其具体情节，有从宽处理的可能。西周时即"五刑可赦"的规定，自然包括死刑的情况在内。清代康熙二十二年曾谕刑部："人命事关重大，……情有可厚，即开生路。"②即对于死刑案件，也要考虑可原之情，宽和处刑。

宽猛相济原则这一内涵可以为我们解读宽严相济刑事政策提供一个特别的视角。这也恰恰是我国宽严相济刑事政策与西方轻轻重重刑事政策的一个重要区别。轻轻重重政策与宽严相济政策的相通之处在于，都

---

① 参见联合国大会 1990 年 12 月 14 日批准的《非拘禁措施最低限度标准规则》第 6.1 条。

② 《清史稿·刑法志三》。

强调对轻者与重者加以区分，然后对轻者与重者分别采取不同的刑事措施。我国有学者也用"轻轻重重"来解读惩办与宽大相结合政策的基本精神，认为惩办与宽大相结合政策的基本精神就是对严重的罪犯施以更严重的处罚，对轻微的罪犯给予更轻微的处罚，即轻其轻者，重其重者，即"轻轻重重"。[①]但也有学者提出不同意见，认为在惩办与宽大相结合政策的原始含义中，并无"轻轻重重"的内容，而是强调轻重的区别对待，即轻者该轻，重者该重。[②]"轻轻重重"则强调轻者更轻，重者更重，是一种两极化的刑事政策；而惩办与宽大相结合政策并无这种两极化的内涵。宽严相济政策从惩办与宽大相结合政策发展而来，自然也就延续了这一区别。

就此而论，宽严相济政策与西方轻轻重重刑事政策是不可完全等同视之的，其中一点便是宽严相济政策延续了传统宽猛相济原则所内含的"轻中有严""重中有宽"的情况。轻中有严，指即便是轻微的犯罪中可能有从重的情节，如犯罪人人身危险性较大等。在这种情况下，慎重考虑从重情节就更为妥当，因此，在严格限制的前提下，可有条件地予以从严处理。重中有宽，指即便是严重的犯罪中也可能出现从宽的情节，在这种情况下，亦不能因为罪行的严重而一味从重，相反，从轻、减轻和免除的情节应当充分考虑，并在刑事处理中体现出来。这较为典型地体

---

① 参见侯宏林主编：《刑事政策的价值分析》，中国政法大学出版社 2005 年版，第 270 页。

② 陈兴良：《宽严相济刑事政策研究》，《法学杂志》2006 年第 2 期。

现在我国死刑制度的适用上。我国目前立法尚不能废除死刑，因此应充分贯彻宽严相济的刑事政策，对罪当判处死刑但具有法定从轻、减轻处罚情节或者不是必须立即执行的，依法适用，而不必判处死刑立即执行。同时，可以发挥刑事司法限制死刑的功能，适用死刑缓期执行制度来减少死刑立即执行的适用。[①] 正是在这个意义上，我国的宽严相济政策比轻轻重重政策要更加科学、合理，更能适应我国当前刑事司法的特殊要求。

三、宽与猛的尺度调整

社会是在不断发展之中的，犯罪形势也随之发生变化，因此，刑事司法活动中宽严尺度的把握也不能一成不变。古人在运用宽猛相济原则的过程中就已经认识到这一点。《尚书·吕刑》中记载："轻重诸罚有权，刑罚世轻世重，惟齐非齐，有伦有要。"这是说，对于刑罚的适用，在各个不同的历史时期，其轻重程度是不同的，换言之，应根据社会发展的具体情况来掌握宽严的尺度问题。这要求，应根据不同时期犯罪的不同情况，依客观形势的需要，制定轻重不同的刑罚，或者采取宽严有序的处刑政策，以切合维护社会秩序的需要。这种思想，反映了适用刑罚的客观规律，自提出之后，受到历代统治者和思想家的普遍重视。东汉崔寔在《政论》一文中也指出："刑罚者，治乱之药石也；德教者，兴平之粱肉也"，也就是说乱世要多用猛，治世要多用宽；乱世要用重典，治世则要用教化。

[①] 赵秉志：《宽严相济刑事政策视野中的中国刑事司法》，《南昌大学学报（人文社会科学版）》2007年第1期。

现代刑事法律奉行"罪刑法定"基本原则，在一定意义上不宜过分强调社会形势对刑罚轻重的影响，但是，根据社会形势和违法犯罪状况来调整刑罚的宽严，对犯罪的宽严处理符合社会形势的发展，这还是具有借鉴意义的。刑事司法不仅要实现一定的法律效果，同样也要追求良好的社会效果，因此，在刑事法治中考虑社会形势和违法犯罪状况来调整刑罚的宽严也是必要的。这一点在当代的刑事法治实践中也具有重要的实践意义，无论是对刑事法律制度的设置还是法律规范在司法中的掌握都具有指导价值。

例如，在刑事诉讼中，根据无罪推定原则的要求，控诉方完全承担提出证据证明被告人有罪的责任，犯罪嫌疑人、被告人一般不承担证明自己有罪或无罪的责任。20 世纪下半叶，贪污、受贿、贩毒和有组织犯罪日益猖獗，对社会的危害越来越严重，但犯罪手段却越来越隐蔽，带来了证明上的困难。各国立法者为了严厉打击这类犯罪，有效地维护社会秩序，基于刑事政策的考虑，要求或者许可司法人员将传统上由控方承担的关于犯罪构成要件的某些要素的证明责任分配给被告人承担，从而使证明责任发生倒置。英国为了惩治恐怖犯罪，1994 年通过的《刑事审判和公共秩序法》对沉默权作了限制，法庭和陪审团可以从被告人的沉默中作出不利于被告人的推论。[①] 而 2005 年联合国《反腐败公约》第 28 条规定："根据本公约确立的犯罪所需具备的明知、故意或者目的

----

① 卞建林：《刑事证明理论》，中国人民公安大学出版社 2004 年版，第 191 页。

等要素，可以根据客观实际情况予以推定。"通过推定的许可适用，对犯罪主观要素降低了证明标准，加强了反腐败的力度，有利于遏制腐败犯罪增长的势头，这种做法无疑与宽猛相济原则的精神不谋而合，也从一个侧面彰显了宽猛相济原则的现代意义。

四、宽与猛的良性互动

孔子意识到治理中宽与猛并不是一成不变的，因此他也考察了它们之间的互动关系，基本原则是"政宽则民慢，慢则纠之以猛；猛则民残，残则施之以宽"①。在现代法律的治理中，实现宽与猛之间的良性互动也是极其重要的。对此，笔者以积极主义刑法的司法回应为例来加以说明。

现代社会已进入了风险社会②，在人们对于安全和风险控制的需求下，国家刑事立法从消极状态转向积极状态，干预节点呈现出前置化倾向，由此产生了一种积极主义刑法观。它主张刑法应该以预防和改造为主要目标，以减少犯罪行为，提高生活品质和社会稳定性。积极主义刑法观在刑事立法上，主张扩大刑法犯罪圈和刑罚处罚范围，使刑法成为保护社会安全的工具。这导致大量原本作为行政违法或民事违法处理的失范行为纳入刑法规制范畴，在短期取得明显治理效果的同时，也引发

---

① 《左传·昭公二十年》。

② 风险社会是指在全球化发展背景下，由于人类实践所导致的全球性风险占据主导地位的社会发展阶段。所谓风险是指"为系统地处理现代化自身引致的危险和不安全的方式"。参见［德］乌尔里希·贝克：《风险社会》，何博闻译，译林出版社 2004 年版，第 19 页。

了不少学者关于刑事立法"过猛"而引发的犯罪圈"异常扩张"进而导致刑法失控的担忧。笔者认为，现代社会风险较传统时代有弥散式扩展趋势，因此在总体轻刑化的基础上适当扩大犯罪圈，有助于建立严密的刑事法网，这也是世界各国刑法发展的基本趋势。至于如何来调和犯罪圈扩大的"过猛"倾向，可以借鉴宽猛相济原则中的古老智慧，建立起司法之"宽"与立法之"猛"的良性互动关系。

这种良性互动关系表现为要以司法之"宽"来调和立法之"猛"，即通过司法的宽容来求得平衡的司法效果，具体而言，可以从以下几方面入手：其一，坚持惩治与保护相统一，尤其是在立法扩张的情况下，司法的适用应当更多地体现保护的意旨，保障犯罪人和被害人的合法权益。在惩治犯罪人方面，要根据犯罪的性质、情节、后果和社会危害程度，依法适用合理、适当、有效的刑事制裁手段，实现惩治与教育并重、惩防结合。在保护被害人方面，要及时向被害人解释说明司法决定的理由和依据，维护被害人的知情权、参与权、救济权等基本权利，在可能的情况下促进被害人与犯罪人之间的和解。其二，适度扩张刑事司法的宽宥裁量权。曾经有人主张杜绝刑事司法人员的所有裁量权，但事实证明这是不可能的，也是没有必要的。司法过程中的裁量权必然存在，其行使一般有两个方向：一是严惩，二是宽宥。随着积极主义刑法观在刑法立法中的展开，宽严相济的刑事政策在总体均衡的情况下应偏于从宽侧面的指引，尤其在轻罪案件中更当如此。对于司法人员来说，不仅要避免积极追诉主义的倾向，甚至也不应拘泥于严格法定主义，而应更多地展示裁量权中宽宥的一面。具体的司法方法可以表现于两个方面：一是对刑法中的弹性规定做有利于被追诉人的限缩解释；二是扩大诸如相对不起诉等程序性裁量机制的运用。三是坚持法律效果与社会效果相统一，但在立法扩张的情况下，司法的适用则应当体现更多的灵活性，运用各种程序机制，避免重刑主义倾向，实现刑罚的轻缓化。根据重罪、轻罪和微罪的不同犯罪类型以及被告人的人身危险性等因素，司法者应灵活应用多元化的制裁手段进行处置。同时，根据犯罪的复杂程度和争议程度，灵活运用繁简不同、轻重有别的诉讼机制，如非羁押性强制措施、刑事和解程序、认罪认罚从宽、简易程序、速裁程序等，实现刑事诉讼的快速化、简便化和人性化。在裁判时坚持重罪未必重刑、轻罪必须轻刑、微罪可以出刑原则，适当运用宽大手段，对符合法定条件和程序的犯罪人给予从轻、减轻或者免除处罚，以达到教育挽救犯罪人、维护社会稳定、保障人权的目的，以获得最佳的社会效果。

第五章

传统息讼实践的现代司法价值

党的二十大报告提出，要完善正确处理新形势下人民内部矛盾机制，及时把矛盾纠纷化解在萌芽状态。中国传统法律文化中的"无讼"理想和"息讼"实践构成了当代中国诉源治理的历史之源，并且，它能够为我们当前探索诉源治理新路径和新模式，实现社会秩序的和谐稳定提供有益的启示。

第一节　从无讼、息讼到诉源治理

在先人的哲学中，秩序和谐是基本的价值理念。这种和谐首先产生于人与自然之间，指人们的行为应该与自然秩序相协调一致。《周易》中的《讼·初六》载："不永所事，小有言，终吉。"而《象传》对本爻的解释是："不永所事，讼不可长也，虽小有言，其辩明也。"古人借卦象比喻狱讼之累，说明争讼久拖不决对双方而言都非吉事，只有"不永所事"及时息讼才能得到"终吉"的结果。汉朝的董仲舒进一步将上述的人际和谐观发展为"天人合一""万物一体"的人与自然和谐观，他认为，"人之人本于天，天亦人之曾祖父也，此人之所以乃上类天也"[①]；

[①] 《春秋繁露》卷十一"为人者天"。

"天人之际，合而为一，同而通理"①。宋朝大儒张载说："有象斯有对，对必反其为；有反斯有仇，仇必和而解。"②张载认为事物都是对立的，有了对立就必然有争端，但是这种紧张关系不能一直以对立的方式存在，最终必然是以"和"的方法来解决。③

这种秩序和谐进而衍生出人与人之间彼此行为之间的协调一致，无讼于是成为人类社会的理想状态，是礼治和德治的最高境界。先哲们描绘的无讼理想世界是一个没有纷争和犯罪，没有诉讼和刑罚，人人遵守礼仪和道德，和睦相处和合作共赢，君君臣臣父父子子，天下太平的世界。"大道之行也，天下为公。选贤与能，讲信修睦。故人不独亲其亲，不独子其子，使老有所终，壮有所用，幼有所长，鳏、寡、孤、独、废疾者皆有所养。男有分，女有归。货恶其弃于地也，不必藏于己；力恶其不出于身也，不必为己。是故谋闭而不兴，盗窃乱贼而不作，故外户而不闭。是谓大同。"④这里的"大同"就是无讼的理想世界。"和谐"的价值理想在司法领域中就表现着对"无讼"的追求。"无讼"思想最早由孔子倡导，他说："听讼，吾犹人也，必也使无讼乎。"⑤在儒家学者看来，"无讼"是"和谐"的应有之义，礼治的理想境界是"闾里不讼于巷，老幼不愁于庭"⑥。

---

① 《春秋繁露》卷十"深察名号"。
② 《正蒙·太和篇》。
③ 参见陈光中：《中国古代司法制度》，北京大学出版社 2017 年版，第 18 页。
④ 《礼记·礼运》。
⑤ 《论语·颜渊》。
⑥ 《新语·至德》。

　　在这种思想指导之下，古代司法官往往将现实世界中的百姓诉讼看成是世风日下、教化不行的表现。如海瑞认为："词讼繁多，大抵皆因风俗日薄，人心不古，惟己是利，见利则竞。以行诈得利者为豪雄，而不知欺心之害；以健讼得胜者为壮士，而不顾终讼之凶。而又伦理不享，弟不逊兄，侄不逊叔，小有蒂芥，不相能事，则执为终身之憾，而媒孽评告不止。不知讲信修睦，不能推己及人，此讼之所以日繁而莫可止也。"① 裕谦将频繁兴讼的危害归纳为："人既好讼，则居心刻薄，非仁也；事理非宜，非义也；挟怨忿争，非礼也；倾资破产，非智也；欺诈百出，非信也。"② 这个观念也衍生出中国古代"贱讼"的思想，并大体上决定古代各级官员办案的基本取向，即以息讼来求无讼，进而维护社会的和睦安定。只有使治下的百姓"皆以争讼为耻"，才能达到"民风淳朴""刑措而不用"的社会效果，这被视为中国古代官员的当然职责。

　　古人主要是从破坏礼治秩序的角度去思考诉讼的局限性，这固然有一定的片面性，但是在诸多纠纷解决方式中，诉讼局限性的存在却的确是不容忽视的。从现代诉讼制度的角度而言，这种局限性表现在：首先，各种社会矛盾复杂性与法律调整范围确定性之间存在着矛盾，司法机关受理案件不能事无巨细，总是限制在一定的范围之内。对受案范围之外的案件，司法机关往往以不予受理或裁定驳回的方式来处理。其

① 《海瑞集·兴革条例》。
② 《裕靖节公遗书》"饬发戒讼说檄"。

次，司法活动需要耗费大量的成本，这些抑或由当事人来承担，抑或由国家来包揽。对于当事人来讲，诉讼中的费用支出往往意味着一笔不小的额外开支，而国家则需要将有限的司法资源用在最严重的犯罪或民事纠纷上面，这也决定了国家对司法活动的投入只能是有限的。再次，司法活动中还需要耗费另外一种成本，即当事人的时间、精力。为了保证司法裁判的公正性，对司法程序需要进行较其他纠纷解决方式更加严格的规定，有时不免失之繁琐，使得案件终结的时间过长，当事人的合法权利不能得到及时保护。第四，如果司法救济作为唯一的纠纷解决机制，虽然注重了国家法的适用，但却忽视了习俗惯例等民间法的作用；虽然注重了法的形式合理性，但却未必能够实质合理性，导致纠纷解决结果社会理解度和认同度的欠缺，不利于社会的和谐。

既然无讼只是一种理想，人类社会的争端与诉讼又必然会产生，那么，息讼就成为解决争端与诉讼的优先路径。息讼，即平息诉讼，是指使已经开始的诉讼尽快终结的方式方法。在中国古代，百姓之间出现纠纷，案件进入诉讼程序，司法官吏就会千方百计地促使其罢息纠纷，即"不能使民无讼，莫若劝民息讼"①。因此在古代的司法实践中，官员最优先的解纷方法不是依法裁判，而是使用各种手段来避免诉讼，各种各样的息讼之术也就应运而生了。最典型的是以下五种：

1. 感化劝退。这是指办案官员本着"以德化人"之心，恳切劝导，促使当事人自行萌生息讼之意。例如，有官吏以自咎来感化当事人，如

---

① 《福惠全书》卷十一。

《后汉书·许荆传》载："有兄弟争财，互相言讼。荆对之叹曰：'吾荷国重任，而教化不行，咎在太守。'乃顾使吏上书陈状，乞诣廷尉，兄弟均感悔，各求受罪。"也有用开导的方式来感化的。唐朝开元时，贵乡县令韦景骏在审理一起母子相讼的案件时，为开导当事人，痛哭流涕地自责"教之不孚，令之罪也"，然后送给他们《孝经》。效果还是不错的："母子感悟，请自新，遂称慈孝。"① 又如，有官吏用晓以利害的方法来感化当事人。元代张养浩在《三事忠告》中谈及司法经验时说："书讼者，诚能开之以枉直，而晓之以利害，鲜有不愧服两释而退之。"再如，有官吏用道德文章来感化当事人。"况逵为光泽县尹，有兄弟争田。逵授以《伐木》之章，亲为讽咏解说。于是兄弟皆感泣求解，知争田为深耻。"②

2. 调解先置。即鼓励当事人在纠纷发生之后选择民间调解的方式，在长辈的亲属、邻居或乡绅的主持下相互之间达成妥协，解决争端。诉讼外的民间调解在中国可谓源远流长，久盛不衰。中国古代的民间调解非常多样，包括乡里调解、宗族调解、邻里亲友调解等。乡里调解，指由乡老、里正等最基层的小吏负责调解一乡、一里的民事纠纷和轻微刑事案件。元代《至元条格》规定："诸论诉婚姻、家财、田宅、债负，若不系违法重事，并听社长以理谕解，免使妨废农务，烦挠官司。"在明代，在乡里设立"申明亭"作为宣谕教化和里长、里正调处有关民间

---

① 《续通志·循吏·韦景骏传》。
② 《瞿同祖法学论著集》，中国政法大学出版社 1998 年版，第 319 页。

诉讼的专门场所。宗族调解，指族长依照家法、族规来调解决断家族成员之间发生的纠纷。邻里亲友调解，指纠纷发生以后，由地邻亲友、长辈或者办事公道、德高望重的人出面说合、劝导、调停，以消除纠纷。当然，这种调解不是通过明确双方的权利义务关系解决纠纷，明辨是非曲直也不是最重要的事务，调解的要点在于通过劝导当事人双方放弃自己的部分权利，互谅互让，大事化小，小事化了，从而折衷、调和、妥协地平息当事人之间的纠纷。

3. 促其反思。《荀子·宥坐》中记载："孔子为鲁司寇，有父子相讼者，孔子拘之，三月不别。其父请止，孔子舍之。"孔子既是无讼理想的追求者，也是调处息讼的身体力行者。这个案件是一个父告子的案件，在孔子的哲学中，这显然是违背家庭伦常的，因此，孔子不问青红皂白，就把人拘押了三个月。通过这种方法促使这一对父子反思彼此的行为，意识到和谐家庭的重要性。最后，当父亲请求撤销诉讼时，孔子仍然不问案件的是非曲直，就立即将儿子赦免了。不问来龙去脉，不理是非曲直，而以各种方法激起当事人内心的反省，使其幡然悔悟，产生妥协相让之意，这大概是孔子独创的息讼方法了。尽管从现代视角观之，孔子的这种做法难免有侵犯当事人权利之嫌。但究其主旨，海瑞的评论是精当的："岂以孔子而不能别其情哉？求其心也！"①

4. 推搪拖延。这是指官员在面对当事人的起诉，以拖延不受理的

---

① 《海瑞集》上册"兴革条例·吏属"。

方法，或者在受理案件后，以拖延审理的方法来促使诉讼当事人主动放弃和撤销诉讼。例如，东晋时的刘尹任郡守时，"百姓好讼官长，诸郡往往为相举正。刘曰：'夫居下讪上，此弊道也。古之善政，司契而已，岂不以敦本正源，镇静流末乎？君虽不君，下安可以失礼？若此风不革，百姓将往而反。'遂寝而不问"①。又如，《明史》载明朝赵豫"患民俗多讼，讼者至，辄好言谕之曰'明日来'，致有'松江太守明日来'之谚"②。这种推搪拖延之术固然有官员不作为之嫌，但其主旨在于通过敦促当事人反思来主动化解和消弭矛盾。

5. 晓谕利害。宋代黄震撰文力陈诉讼之弊："讼乃破家严身之本，骨肉变为冤仇，邻里化为仇敌，贻祸无穷，虽胜亦负，不祥莫大焉。但世俗惑于一时血气不忿，苦不自觉耳。"③清代地方官用歌谣来劝人息讼，《何苦来》云："可惜公堂不济贫，徒饱贪污资尽竭。"④尽管歌谣中以司法腐败作为劝退人们兴讼的理由，反映古代吏治的黑暗与悲哀，但终归是当时现实的写照，因而可以算是一种晓以利害。清朝同治年间，蒯子范任长州知州，有小民状告婶母因借贷不成打人致其伤害。受案后，蒯验得原告的伤情甚微，于是婉言相劝：你作为贫苦人家，婶母还来借贷，说明她更是贫苦，一旦升堂审讯，不但你婶母受累，你也要在

---

① （明）何良俊：《何氏语林》。
② 《明史》卷 169。
③ （宋）黄震：《黄氏日抄》卷七十八"词诉约束"。
④ （清）桂丹盟：《宦游纪略》卷六"何苦来"。

县城守候，衙门差役索钱是现在之急，田地荒芜是将来之苦，何必为一时之气而绝两家生计。言罢便赏原告两千文钱，让其回家，其人感泣而去。① 此案中，官吏并没有对案件的是非进行判断，而是用情理和利害来劝谕和息。当然，像蒯子范那样自掏腰包来息讼的官员属于个例。

总体来看，古代息讼实践的特点是在处理民间纠纷时，优先采用调解、和解等非诉讼方式，以达到平息矛盾、维护和谐的目的。它体现了以和为贵、以人为本的解纷理念，强调调和人际关系，维护社会稳定。这一点对现代社会化解社会矛盾可以具有重要的借鉴意义。但是，古代息讼实践有其弊端，如为了追求表面和谐而牺牲个人权利或利益；忽视法律的规范性适用，导致司法过程中的随意性和不公正；导致人们法律意识淡薄，不敢用法律维护自己权益等。这是在对其进行创造性转化时需要甄别和扬弃的。

清末改制之后，中华法系式微，但是传统上追求和谐的文化理念和"调处息讼"的解纷方式仍然得到了传承与发扬，并在新的语境中自我更新、自我发展。例如，在新民主主义革命时期，时任陕甘宁边区高等法院陇东分庭庭长的马锡五倡导审判与调解相结合的办案方法，将司法理念与当地社会习惯相结合，有效化解矛盾，受到群众普遍欢迎，创立了彰显中国共产党早期司法特色的"马锡五审判方式"，成为当时司法战线的一面旗帜。②

---

① 参见（清）俞樾撰：《春在堂杂文》续编卷五"蒯子范太守六十寿序"。
② 李占国：《诉源治理的理论、实践及发展方向》，《法律适用》2022 年第 10 期。

新中国成立以后，古代息讼思想也得到传承，其突出表现是包括调解在内的各种非诉讼纠纷解决机制得到长足的发展。20世纪60年代初，浙江省诸暨县枫桥区创造了一种旨在对基层矛盾开展源头治理的做法，即著名的"枫桥经验"。这一经验得到了毛泽东的高度评价，他亲笔批示："要各地仿效，经过试点，推广去做。"1964年1月，《人民日报》发表了《诸暨县枫桥区社会主义教育运动中开展对敌斗争的经验》一文，介绍了枫桥经验的具体做法和成效。时至今日，"枫桥经验"仍然是基层社会治理的范本。

改革开放初期，为了应对社会矛盾纠纷的增多，人民法院进一步强化了"以调为主"的工作方针，推动调解工作向基层延伸，探索建立人民调解委员会等非诉讼纠纷解决机制。21世纪初，随着社会转型加速，矛盾纠纷呈现多元化、复杂化趋势，人民法院提出了"多元化解"理念，倡导建立以诉讼为主导、多元方式并存的纠纷解决机制，充分发挥仲裁、行政复议等其他非诉讼方式的作用，形成诉讼与非诉讼相互补充、相互协调的局面。

以习近平同志为核心的党中央高度重视从源头上解决矛盾纠纷，并且将其与建构基层治理体系和推进国家治理能力现代化联系起来。党的十八届四中全会通过的《中共中央关于全面推进依法治国若干重大问题的决定》指出："坚持系统治理、依法治理、综合治理、源头治理，提高社会治理法治化水平"。习近平在2019年1月中央政法工作会议上强调："要坚持把非诉讼纠纷解决机制挺在前面，从源头上减少诉讼增量"。2021年2月，中央全面深化改革委员会第十八次会议审议通过了《关于加强诉源治理推动矛盾纠纷源头化解的意见》，"诉源治理"正式上升为国家社会治理领域的重要制度安排，从矛盾纠纷源头预防、前端化解、关口把控三个维度对诉源治理作出顶层设计部署，推动构建党委领导下的诉源治理工作大格局。诉源治理有机融合了中国传统息讼理想与现代法治精神，开创了共建、共治和共享的基层治理新模式。

第二节 "枫桥经验"：基层矛盾的诉源治理

枫桥经验，起源于20世纪60年代初，是浙江省诸暨县枫桥区（现诸暨市枫桥镇）干部群众创造的"发动和依靠群众，坚持矛盾不上交，就地解决，实现捕人少，治安好"的经验总结。枫桥镇人民依靠"枫桥经验"做到基层社会的良好治理，使之成为全国政法战线、社区治理的一面旗帜。从其产生到现在，"枫桥经验"大致经历了"社会管制—社会管理—社会治理"三个阶段①，其内涵不断丰富，中华优秀法律文化是其文化之源。

枫桥是一个具有千年历史的江南文化名镇，具有深厚的文化底蕴。在传统"和谐"思想的长期影响下，这里的百姓普遍抱持"和为贵""家和万事兴"的人生态度。有了纠纷即通过调处来"息讼宁人"的做法在此亦有着悠久的传统，据历史记载，枫桥陈氏的祖先多有"排

---

① 参见中国法学会"枫桥经验"理论总结和经验提升课题组：《"枫桥经验"的理论构建》，法律出版社2018年版，第96页。

难解纷"之举，如：一声公"善排难解纷，扶危周急，以故村里雀角，多于公乎质成"；省轩公"凡乡里有纷争者，力为调处，和平解释，盖公之所以待人者，德罔弗周、情无不厚也"①。

　　一方题为《奉县永禁团霸碑》的古碑记载：清光绪年间，为争抢水上运输生意，枫桥镇出现了一帮强行"霸挑客货"的团伙（团霸）。当时枫桥镇商民黄明高等联名向县府控告"团伙"霸挑客货等情。县府即"票饬传讯"，并令该镇士民陈烈新（1816—1899）等担任"理令"来处理此案。陈烈新等当地名望耆宿召集"两造"到场，进行调停，平息了事态。但是，为了从根本上消弭"铺商（簿户）""脚夫"之间的矛盾，预防此类纠纷再度发生，陈烈新又要求双方"取结求息"。双方约定："嗣后货物行李，无论船簿装载至上山头、丫叉溪、枫桥等埠，悉听店铺客商自雇脚夫，给票挑运，该脚夫等不得霸挑。倘船簿各户不凭票据，不听本客自雇，私行付给行李货物，扶同强霸者，与脚夫一并送究。"这一约定得到了官府的认可。县府饬令阖镇绅商"勒石永禁"："嗣后各商上落行李货物，无论船簿装运至上山头、丫叉溪、枫桥等埠，均听各店商自行雇夫，给票挑运，不得把持船簿。各户均当凭票发货，不得私自付给，扶同霸挑。倘敢故违，许各该商据实禀县，以凭提案究惩。其各凛遵毋违。"②从这个案件的处理

---

① 刘洋：《新时代"枫桥经验"中的传统法律文化底蕴》,《领导科学论坛》2022年第12期。

② 陈海：《"枫桥经验"中的文化基因》,《人民法治》2019年第4期。

流程中，我们可以看出诸暨枫桥基层治理的一种传统模式：首先，从治理主体的角度，采取官民共治的方式；其次，从程序的角度，将士绅的调处前置；最后，从解决的方式来说，不单单追求当前案件的解决，更是重视消除同类纠纷再度产生的土壤，从而起到一种源头治理的效果。

立足于丰厚的文化传统与基层治理经验，20世纪60年代初，浙江省诸暨县枫桥区（现为浙江省绍兴市诸暨市枫桥镇）干部群众创造了"发动和依靠群众，坚持矛盾不上交，就地解决"的"枫桥经验"，其主要体现在以下几个方面：其一，发动和依靠群众。群众路线是中国共产党的根本工作路线，也是人民民主专政政权性质的必然要求，发动群众对"四类分子"进行改造就成为人民民主专政职能实现的正确方法，也是实现良好改造效果的根本路径。其二，矛盾不上交，就地解决。这要求相信和依靠群众，加强基层民主，就地解决问题，实现和谐平安，同时，也要求对纠纷进行源头治理，避免其扩大化。其三，实现捕人少，治安好。枫桥区不采用简单粗暴的方法，如定指标、关一批、判一批等，而是采用说理斗争的方法。当时，浙江省委派出工作队到诸暨县枫桥区充分发动当地群众，开展"武斗好还是文斗好"的大讨论，最终广大干部和群众形成了一致意见，认为"武斗斗皮肉，外焦里不熟；文斗摆事实、讲道理，以理服人"。在这个认识基础上，枫桥地区的干部群众实事求是、创造性地开展工作，形成了"充分发动和依靠群众，开展说理斗争，没有打人，更没有捕人，就地制服四类分子"的经验，并取得了良好效果。①

在中国特色社会主义新时代，"枫桥经验"得到不断发展。中国特色社会主义进入新时代，"以人民为中心"的理念进一步深化，强调实现良法善治和维护社会公平正义，政法体制逐渐从社会管理向社会治理转型。"枫桥经验"顺应政法体制改革的方向，实现了"依靠群众就地化解矛盾"法治化发展的新飞跃，具体表现为：维护社会秩序的方式从"群防群治"转向"共享共治"，村级群众自治组织、新型社会组织和公民在社会治理中都获得参与者的主体地位；强调维稳的政治目标要在法治框架内实现，既要实现社会秩序稳定的政治目标，也要维护公民合法权利；强调依照法定程序，利用乡规民约进行先贤调解、人民调解等多元化解纠纷方式，在调解体制中充分保障社会公平正义和当事人法定权利等。②

"枫桥经验"经历社会管制、社会管理、社会治理三个阶段的历史发展，其内涵不断丰富。《中华人民共和国国民经济和社会发展第十四个五年规划和二〇三五年远景目标纲要》提出，坚持和发展新时代"枫桥经验"，构建源头防控、排查梳理、纠纷化解、应急处置的社会矛盾综合治理机制。畅通和规范群众诉求表达、利益协调、权益保障通道，完善人民调解、行政调解、司法调解联动工作体系。"枫桥经验"已经

① 参见石启飞：《论"枫桥经验"生成的制度基础》，《北京警察学院学报》2022年第6期。
② 刘珏：《中国政法体制下"枫桥经验"的演进历程与新时代发展》，《毛泽东邓小平理论研究》2022年第8期。

写入党的十九届四中、五中、六中全会决定和党的二十大报告。

发展新时代"枫桥经验"是一个系统的社会治理工程。人民法院作为国家司法机关，是社会治理的重要参与者和推动者，也是继承和发扬枫桥经验的重要力量。为此，人民法院应充分发挥司法调控功能，与行政机关、社会组织、基层群众等形成合力，共同参与社会治理；推进诉讼与非诉讼相衔接，建立健全诉源治理机制，积极开展诉前调解、立案调解、庭前调解等工作，及时化解矛盾纠纷；支持和规范基层调解组织的建设和活动，加强对基层调解工作的指导、监督和评估，实现矛盾纠纷就地化解、就地解决。当前，各地各级人民法院以各种方式探索继承和发扬枫桥经验的新路径，其中之一便是枫桥式人民法庭的建立。

枫桥式人民法庭首先于《中共中央、国务院关于做好 2022 年全面推进乡村振兴重点工作的意见》中提出，是人民法院在履行审判职能过程中，传承和创新"枫桥经验"，弘扬人民司法优良传统，结合当地实际情况，化解社会矛盾纠纷，维护群众合法权益的综合体现。人民法庭是人民法院参与基层社会治理、提供司法服务的前沿阵地，其参与基层社会治理是回应社会转型的客观需要、是国家权力下沉的现实选择、是有效处理人民内部矛盾的必然要求。① 枫桥式人民法庭的创建是坚持和发展新时代"枫桥经验"与推动"人民法庭工作高质量发展"的有机融

---

① 陈志君：《通过法律的治理：新时代"枫桥式"人民法庭参与基层社会治理的基本模式》，《中国应用法学》2022 年第 5 期。

合，主要有以下几个特点：

其一，发动和依靠群众，就地解决矛盾。枫桥式人民法庭充分发挥人民法庭立足基层、贴近群众的优势，积极参与基层社会治理，努力将矛盾化解在基层。它通过法官进网格、调解平台进基层、巡回审判、法官讲堂等方式，把案件带出法庭办理、带到群众身边办理，把法律常识、解纷知识传播到基层，让群众成为参与纠纷解决和司法活动的重要力量，有效地维护了社会秩序和稳定。

其二，提供优质高效的司法服务。枫桥式人民法庭深化司法改革，推进审判执行一体化、诉讼服务中心建设、智慧法院建设等措施，提高司法效率和质量，实现司法便民利民。它运用大数据、云计算、人工智能等现代科技手段，提升社会治理智能化水平，实现精准化、预测化、预防化的社会治理。它借鉴国内外先进经验和做法，推广共享法庭、森林法官、马锡五审判方式等模式，打造具有地方特色的社会治理品牌。

其三，通过源头治理实现纠纷的根本解决。法官在审理案件时，不仅要根据法律规定和证据材料，公正合理地裁判案件的是非曲直，还要尽可能地实现纠纷的根本解决，避免纠纷的再次发生或演变。这样才能维护社会和谐稳定，保障当事人的合法权益，提高司法公信力和效率。在此，应充分发挥司法调解的作用。司法调解是指法官在审理案件过程中，根据当事人的自愿原则，通过沟通、协商、说服等方式，引导当事人达成和解协议的一种纠纷解决方式。司法调解有利于维护当事人之间的和谐关系，消除双方的敌对情绪，增强当事人对裁判结果的认同感和满意度。法官在审理案件时，应当根据案件的性质、影响和当事人的意愿，适时适度地开展司法调解工作，尽量促使当事人达成符合法律规定和社会公序良俗的和解协议。同时，应加强司法建议的功能。司法建议是指法院在审理案件过程中或者审结后，针对发现的影响社会治理和公共利益的问题或者不完善、不合理的制度安排等情况，向有关机关或者组织提出改进意见或者建议措施的一种司法活动。法官在审理案件时，应当发挥司法建议的功能，加强对社会治理的指导和规范，提高社会治理的法治化水平。

第三节　企业合规：经济违法犯罪的诉源治理

在社会的各个领域，无讼都是一种共通的理想，但在不同的领域中，导致诉讼的根源却各有不同。随着社会经济的快速发展，企业作为一种经济组织体的作用日益显著，但它同时也会违反法律法规，导致各种民事、行政乃至刑事诉讼的产生。企业组织体虽然没有"手"和"脚"，也没有真正意义上"心智"或"灵魂"，但它却拥有强大的力量。正如一位美国法官所说："我们通常认为企业具有空气一般看不见也无法触摸的本质，但是，它有能力夷平山脉，填平山谷，铺设铁轨并在其上运行火车，它能够这行为，那么它就有如此行为的意图，并在行为中表现出善与恶的不同性质。"[1]传统法学是以自然人为主体原型构建的

---

[1] 参见美国最高法院判例 New York Central & Hudson River Railroad v. United States, 212 U.S. 481, 492（1909）。

规则体系，如何根据企业组织体的特点对企业违法犯罪进行诉源治理是一个新问题。近年来，企业合规改革在中国的兴起正是对这一问题的回应。

2018 年，随着国家发改委、国务院国资委等部门发布《企业境外经营合规管理指引》和《中央企业合规管理指引》，我国的企业合规建设进入全面推行阶段，以至有人将 2018 年称为中国企业的合规元年。[1]2020 年 3 月，最高人民检察院开展企业合规改革试点，启动了我国刑事合规制度的探索。2021 年 4 月，最高人民检察院又下发《关于开展企业合规改革试点工作的方案》，进一步扩大了试点改革的范围。在十三届全国人大四次会议上，张军检察长专门报告了这项工作，得到全国人大代表、全国政协委员的充分肯定。[2]6 月，最高人民检察院会同国务院国资委、财政部、全国工商联等部门联合发布《关于建立涉案企业合规第三方监督评估机制的指导意见（试行）》。至 2023 年 1 月，最高人民检察院发布了四批企业合规典型案例。

企业合规是指企业在经营活动中遵守国家法律法规、行业规范、社会道德等相关规则的行为。企业合规不仅可以避免或减轻法律风险，还可以提升企业的信誉和竞争力，增强社会责任感和公民意识。刑事合规

---

[1]　郭青红：《新形势下的合规要点》，载搜狐网 https://www.sohu.com/a/283439546_100138309，2022 年 2 月 13 日。

[2]　《最高检下发工作方案　依法有序推进企业合规改革试点纵深发展》，载中华人民共和国最高人民检察院网站 https://www.spp.gov.cn/spp/xwfbh/wsfbt/202104/t20210408_515148.shtml#1，2021 年 8 月 7 日。

是指企业在刑事法律领域的合规行为，主要是通过建立有效的内部控制和监督机制，防止或减少企业及其员工涉嫌犯罪的可能性。刑事合规是企业合规的高级发展形态，可以帮助企业实现刑事风险管理，提高企业的价值创造能力。[①] 历史地看，企业合规的产生和发展具有深刻的社会、经济和法理基础。

其一，适应经济运行和经济组织体的时代发展。从经济运行来看，企业规模化、跨国化发展是推动刑事合规制度发展的强大动力。一方面，强化对公司犯罪的治理成为保障公民权利，维护社会安定的必要行为；另一方面，引导企业走向良性发展也成为一个基本的社会经济政策。可见，导致企业合规的产生动因最终来源于经济发展的需求。在全球化时代，国内的企业终将走向世界，成为世界经济体的一员，而要获得国际竞争力，就必须要融入全球化企业合规发展的潮流。

其二，体现企业组织体不同于自然人的特点。只有充分认知企业组织体的特殊性，才能推动确立有效应对企业违法和犯罪的应对措施。20世纪 80 年代美国在进行量刑改革之前，联邦法律对自然人犯罪和企业犯罪在罚金数额、方式、考虑因素上是不作区分的，这看似体现了同罪同罚的司法原则，但却不符合企业运行的特点，无法取得良好的犯罪预防效果。美国量刑委员会在大量的调研基础上，从企业组织体的运行规律出发，制定专门的《组织体量刑指南》，合规计划作为减轻刑罚情节

---

① 秦策：《刑事合规的逻辑——制度史的考察与启示》，《法治现代化研究》2022 年第 6 期。

的引入正是这一指导思想的体现。

其三，体现威慑与预防相统一的刑罚目标。企业责任论有着自己独特的刑罚哲学基础。传统的报应主义对于企业违法犯罪而言并没有太大效用，这是因为企业作为由拥有不同职位或职权的成员组成的有机人格体，较之自然人而言更能体现"理性人"的特点，它不会"情绪失控"，更不会"激情犯罪"。因此，需要将预防主义与威慑主义结合起来提供更有效的约束。因此，基于现代企业运行的机理，通过设置合比例的刑事制裁措施和有意识的合规引导，能够敦促企业行为的理性化与规范化，实现犯罪预防的目的。

其四，激励和引导企业自我管理，走向善治。企业组织体的设立来自法律的赋权，合规运行应是其本原状态。企业违法犯罪是对合规状态的打破，因此针对企业违法犯罪的合规整改就是要使企业恢复到违法犯罪之前的本原合规状态。因此，仅仅对企业施加处罚难以达到这一要求，关键是引导企业自我管理。正如美国学者罗兰·赫芬德尔所言：如果没有适当结构的内部公司组织作为补充，则针对公司实体的刑事处罚在很大程度上会失败。① 涉罪企业的合规建设近似于犯罪自然人的改过自新，但是企业是由管理者、员工组成的集体，其改过自新不能通过个别代理人来替代，只有通过规章制度和文化机制的完善，才能保证其内

---

① Roland Hefendehl, "Enron, WorldCom, and the Consequences: Business Criminal Law Between Doctrinal Requirements and the Hopes of Crime Policy", *Buffalo Criminal Law Review*, Vol. 8, No. 1, 2004.

部所有成员行为在整体上的合规性。

因此，企业刑事合规是对企业违法犯罪进行诉源治理的有效形式。在涉案企业合规的试点中，人民检察院办理涉企刑事案件不仅依法追究企业及其负责人的刑事责任，而且督促企业建立和完善内部合规机制，以预防和减少企业违法犯罪的发生。这种改革举措既体现了对企业的严管，又体现了对企业的厚爱，有利于促进企业健康发展和社会稳定。这样的诉源治理体现了检察制度和权能的具体化和精细化发展，是检察系统助力国家治理体系和治理能力现代化的重要举措。①

如果说对企业违法犯罪的源头治理导致了企业合规的产生，那么在诉源治理政策的指引之下，企业合规建设将进一步扩展其适用的范围。目前来看，人民检察院的企业合规改革正在进一步向纵深发展，具体表现有二：

其一，由"个案合规"向"行业合规"延伸。原先人民检察院在办理具体企业合规案件时，一般只是针对某个涉案企业制定合规整改计划，但是，要想对企业犯罪开展更为广泛的预防，合规治理就不能仅局限于特定的涉案企业，人民检察院需要透过个案深究整个行业的普遍性问题，举一反三，同类相推，透视行业内所潜藏的问题症结，在更大范围内规范市场秩序，优化营商环境。在合规试点改革中，各地人民检察院结合办案开展行业合规建设，取得了良好的成效。例如，2021年深

---

① 邵晖：《能动检察的证成与探索》，《国家检察官学院学报》2022年第6期。

圳市人民检察院通过对跨境电商领域的快递企业走私案开展剖析，发现钻石行业存在众多个体经营户涉案，经过分析认为对这些经营者分别开展企业刑事合规不仅效率低下且效果难以保证，遂向该市黄金珠宝首饰行业协会制发检察建议，指导其对市内钻石行业开展合规建设，规范珠宝交易市场秩序。该案的办理实现了从个案规制向行业规范延伸的治理效果。[1] 又如，2020 年 9 月，江苏省句容市公安局邀请该市人民检察院提前介入某广告公司为客户非法提供"翻墙"服务的违法案件，句容市公安局以该公司负责人、业务骨干等 3 人涉嫌提供侵入计算机信息系统程序、工具罪，移送审查起诉。句容市检察院在选派专家组成第三方开展评估监督，对该公司开展为期 3 个月的合规考察并验收。在作出不起诉决定后，句容市检察院联合该市工商业联合会开展专题活动，宣传企业经营合规建设的经验，进而帮助广告行业的其他企业经营者建构其合规体系，防范法律风险。[2] 可见，在企业刑事违法之前就主动开展合规体系建设，不仅有助于预防犯罪的发生，而且是更为经济的治理范式，提前规范企业的经营行为亦是社会治理的更优路径。由此看来，人民检察院通过推动具体涉案企业的合规整改向整个行业的合规治理延伸，是人民检察院依法积极履行法律监督职责，参与社会治理的题中之意。

其二，由事后合规向事前合规扩展。以企业是否涉案为分界，可以

① 唐荣、周洪国、李梓：《"合规互认"挽救涉案企业生命》，《法治日报》2022 年 2 月 26 日。

② 徐光云、王修银、郎建强：《促进个案合规提升为行业合规》，《江苏法治报》2022 年 6 月 22 日。

将合规分为两种基本类型：一类是事后合规，即企业在接受行政执法调查或刑事追诉的情况下，为获得宽大处理而开展的合规整改活动。另一类是事前合规，即在没有受到行政执法调查或刑事追诉的情况下所开展的日常性合规体系建设活动。① 两种合规类型虽各有其作用空间，但是从企业合规的整体建设而言，企业涉案之前的合规建设更具有治本的实质意义。近年来，最高人民检察院提出，要提高案件办理质效，在检察环节化解社会矛盾，注重诉源治理、标本兼治。② 这其实就是要求将企业涉案之前的合规治理放到更为重要的位置上来。事前合规建设能够更早的影响并改善企业的内部治理结构，进而实现企业自主预防犯罪发生之目的。③ 诚然，事后合规因为有暂缓起诉、免于刑事处罚等机制的实体和程序处理效果，易于产生更为强大的激励功能，但是事后合规也使企业不得不面对生产经营方面的严格控制和监管，并支付合规整改的成本。本质上说，事后合规的主旨在于为涉案企业提供一个改过自新、避免处罚的机会，是企业承担刑事或行政责任的替代机制；而事前合规的关键在于为违法企业指出生产经营者存在的非法风险，并指导其采取措施加以防范。事前合规不仅有助于企业通过合规体系建设提高生产效率，规范内部治理和经营秩序；同时也有助于企业建立合规文化，进而

---

① 陈瑞华：《企业合规整改中的相称性原则》，《比较法研究》2023 年第 1 期。

② 《把诉源治理做深做实做细》，《检察日报》2021 年 8 月 16 日。

③ 万方：《合规计划作为预防性法律规则的规制逻辑与实践进路》，《政法论坛》2021 年第 6 期。

帮助企业树立起尊重法律、遵守法律、敬畏法律的治理观。企业合规建设不应仅限于事后的程序出罪，只有重视事前合规，并将其转化为实体上的犯罪阻却事由，才能促使更多的企业产生开展合规建设的动力。

诉源治理的本意是通过预防、化解等方式，减少违法犯罪行为产生的可能性，降低诉讼案件的数量和质量，提高社会治理效能的工作。在性质上，企业的合规化管理可以发挥预防企业出现法律纠纷或刑事风险的重要功能，实际上也是一种诉源治理。合规化管理是指企业在经营活动中遵守国家法律法规、行业规范、社会道德等相关规则的行为，不仅可以避免或减轻法律风险，还可以提升企业的信誉和竞争力，增强社会责任感和公民意识。只能运行在合规的轨道上，企业才能避免风险，化解矛盾，走上健康发展、稳定发展的康庄大道。

第六章

传统审讯方法的现代司法价值

党的二十大报告要求：强化对司法活动的制约监督，促进司法公正。审讯是刑事司法的一个特殊场景，需要兼顾查明案件事实与保障人权的双重要求。在中国古代的审讯实践之中，既有值得汲取的经验，也有需要摒弃的糟粕。通过理性的甄别分析，传统的审讯方法也能够为当今的刑事司法实践提供一定的借鉴价值。

第一节 传统审讯方法的制度背景

审讯或讯问是指司法人员以言词方式，就案件事实和其他与案件有关的问题向犯罪嫌疑人或被告人进行查问的一种活动。[1] 查明案件事实，审讯是其中一项重要的措施。中国古代的审讯叫"讯狱"或"鞫狱"。《尚书·吕刑》传疏："汉世问罪谓之鞫。"《明史·刑法志》记载："太祖尝曰，凡有大狱，当面讯，防构陷锻炼之弊，故其时重案多亲鞫，不委法司。"其中的"讯"或"鞫"都是审讯的意思。所以，颜师古注曰："鞫，穷也，狱事穷竟也。"古代的审讯官也被称为鞫狱官，《唐律疏议》

---

[1] 陈光中主编：《刑事诉讼法》（第七版），北京大学出版社、高等教育出版社 2021 年版，第 305 页。

中称其为"推鞫主司"。在古代诉讼中，虽然也有现场勘验、检验尸体、检查伤痕以及外出察问等调查活动，但是主要靠坐堂问案解决案件。因此，审案是判案的中心环节。审讯的对象，主要是被告，也同时涉及原告、证人及其他与案件有关的人。

就其获得犯罪嫌疑人、被告人口供的基本功能而言，古代的审讯与现代的讯问是相同的，但要对古代审讯方法作出客观评价，还需要将其置于古代独特的诉讼制度背景下加以考察。

一、侦查、起诉与审判合一，纠问性强

中国封建时期的诉讼，采取的是纠问式模式，即诉讼程序的启动与推进，主要不是取决于当事人，而是取决于握有国家司法权的官吏。司法官吏一旦发现犯罪，不论是否有原告，都可以开始对犯罪的追诉，并推动诉讼的每一个进程并直至最后的裁判。中国古代并没有区分专门的侦查权、起诉权和审判权，司法衙门将这些权力集于一身，权力极度膨胀。在审讯过程中，司法官吏可以使用在现代分属于侦查人员、检察人员和审判人员的各种权力，而侦查在官职设置和基本程序方面与审判活动是合为一体的，负责审判的官员也可以负责侦查，他可以勘验现场、勘验尸体、询问证人、被害人，根据案情需要对嫌疑人、证据进行刑讯，也可以采取收集其他证据的各种手段，并根据上述活动的结果直接作出判决。按照美国学者罗兹曼所描述的："作为一县之长，县令在执行其司法功能时，他是万能的，既是案情调查员，又是检察官，被告辩护人，还是法官和陪审员。"① 司法官员开始侦查意味着审判的开始，而侦查的结束也意味着审判的终结，因为他有权根据自己的调查情况直接确定被追诉人的刑事责任。在这个意义上，古代的审讯大致相当于现代的侦查讯问和法庭审理，审判的过程也就是"侦查"的过程。这一特征既适用于地方司法机构的诉讼活动，也适用于中央司法机构甚至皇帝主持进行的审判活动。在这种纠问式诉讼形式下，刑事诉讼中的被告只是被追究的客体、被审问的对象，只有招供的义务，没有任何反驳控诉和进行辩护的权利。

二、行政长官兼理司法，且承担审讯职责

古代中国，司法权从属于行政权，不具有独立的地位。从中央到地方，司法权或由行政机关直接行使，或由行政权力加以控制。在中央集权的顶端，皇帝拥有最高的权威，握有"刑罚威狱"大权，他可以直接接管案件的审判工作，随时于"朝堂受辞纳冤抑"，亲自审判人犯，亦有权最终决定任何一个刑事案件的判决结果，秦、汉时，以廷尉为中央司法机关，廷尉的判决要由皇帝和丞相最后决断。唐时以大理寺、刑部、御史台为中央执掌司法的机关，但死刑案件，刑部须会同中书、门下二省更议，并奏请皇帝审核决定，名为慎刑，实则增强了行政对司法的控制。明、清两朝，重大案件除由刑部、大理寺、御史台组成三法司会审外，有时还由六部尚书、都察院都御史、通政史和大理寺卿共同组成九卿会审，这标志着中央行政机关对司法的全面干预。地方上设有专

---

① ［美］吉尔伯特·罗兹曼主编：《中国的现代化》，江苏人民出版社 1988 年版，第 127 页。

职或兼职的司法官吏,如法曹参军或司法参军,县里设司法佐,代理行政长官审理案件,但无决定权,决定权还在行政长官手中。并且在大多数情况下,地方的行政官吏亲自审案,宋代法律要求:"在法,鞫狱必长官亲临"①;"州县不亲听囚而使鞫审者,徒二年。"② 可见,古代的行政长官承担最主要的审讯职责。

三、审讯程序的程式化与灵活性相结合

在中国古代诉讼活动中,人证是最主要的证据形式,"罪从供定"是最重要的原则之一,因此,审讯对于揭露案情真相来讲具有极其重要的作用。奴隶社会的讯问还比较原始,对疑难案件则采取神明裁决的方法。西周的审讯程序开始具有一定的诉讼结构。《尚书·吕刑》记载:"两造具备,师听五辞。""两造具备"是指原、被告都要到庭受审,但奴隶主贵族可以不出庭受审,由部属或亲戚代其出庭,"师"指办案官吏,"五辞"指从五个方面判断当事人陈述的真假。至明代,《明会典》以详尽的方式规定了审讯的要求和程序:"其引问一干人证,先审原告词因明白,然后放起原告,拘唤被告审问;如被告不服,则审干证人,如干证人供与原告同词,却问被告,如各执一词,则唤原被告干证人一同对问,观看颜色,察听情词,其词语抗厉颜色不动者,事即必真;若转换支吾,则必理亏,略见真伪,然后用笞决勘;如不服,用杖决勘,仔细磨问,求其真情。"这要求司法官在审理案件时,必须通过五听的方式,依据情理审

---

① 胡太初:《昼帘绪论·治狱篇》。
② (元)马端临:《文献通考》卷167"刑考六"。

查供词的内容，然后同其他证据进行比较印证，检验证据的可靠性。这种关于审讯的要求和程序在其他各朝的司法实践中大致相同。

不过，古代审讯毕竟是纠问式诉讼的产物，其目标乃是尽可能地发现案件真实，强化追诉力度，显然，过多的程序约束是不可能存在的，加之古代程序法并不具有独立的地位，因此，古代审讯不可能像现代法院开庭审判那样有一套非常具体的步骤和方式，也不可能像现代侦查讯问那样有严格的程序约束。古代审讯制度往往没有非常具体的硬性规定和明确程序，这显然有利于司法官吏灵活处置，便宜行事。因为案件各不相同，千变万化，个案的具体情形确实难以一一预知，由司法官对包括审讯在内的调查取证程序进行自主掌握，虽未必有利于被告人或其他诉讼参与人的权利保障，但有时的确有助于最大限度地追求案情的客观真实。例如，司法官吏在命案发生之后，可以先进行审讯，详鞫尸亲、证佐、凶犯等，令其实招，再勘查现场或检验尸体，收集其他的物证，也可以勘查现场或检验尸体，然后再行审讯；审讯的时间、场所、方式也可以根据案件的客观情况由司法官吏灵活掌握，可以在案发现场进行，也可以是在衙门公堂进行；可以日间进行，也可以夜间进行；可以诱供，也可以拷讯。

四、问讯与刑讯并用

中国古代法律崇尚口供，"无供不录案"，"无供不定罪"，这使得审讯成为诉讼活动的中心内容。如何进行有效的审讯就成为古代法律制度与实践所必须解决的问题。诘问和刑讯是审讯的两种基本方式。秦简

《封诊式·治狱》一节规定："治狱，能以书从迹其言，毋治掠而得人情为上，治掠为下，有恐为败。"《唐律疏议·断狱》规定，审讯"必先以情，审查词理……然后拷讯"。可见，审讯时首先由司法官吏进行诘问，以得其情；在受审人理屈词穷，仍拒不认罪，或者反复翻供，多次欺骗的，才进行刑讯逼供。而且，明确排列两种方式的先后与优劣次序。正是古代司法对于问讯的重视，因此才产生一些行之有效、至今仍不乏借鉴意义的审讯方法。

刑讯逼供是纠问式诉讼与"罪从供定"原则的必然结果，因而成为中国古代诉讼制度的一大特点。西周刑律把口供作为断案的重要根据，因此，凡刑事案件，大都刑讯逼供。《曶鼎》寇攘案中，被告匡季一上法庭，便连连叩头求饶："长官，我没有寇得多少东西，请不要鞭笞我！"作为东宫要员的匡季竟如此害怕鞭笞，说明西周刑讯已经成风。

至《唐律》中，有关刑讯的规定已十分完备，有以下重要规定：（1）"诸应讯囚者，必先以情审查辞理，反复参验，犹未能决，事须讯问者，立案同判，然后拷讯。违者杖六十。"这是刑讯的一条原则，即刑讯不能用在"以五声听狱讼、求民情"反复核对证言之前，而只能在此后，并且仍然难以作出决断时，才能刑讯。违者要受"杖六十"的处罚。（2）"诸拷囚不得过三度，总数不得过二百，杖罪以下不得过所犯之数。拷满不承，取保放之。"这是刑讯方法和用刑限度的规定。如果受审人经过三次拷讯而仍不招供，就只能取保释放。（3）"即有疮病，不待差而拷者，亦杖一百；若决杖笞者，笞五十；以故致死者，徒一年半；若依法拷决而邂逅致死者，勿论。"即因犯患有疮病，不等病愈就进行拷打，因而致死的，司法官吏应负刑事责任；但是依法拷讯，由于意外造成囚犯死亡的，法律则免除其刑事责任。（4）法律在规定依法不得反拷者外，还规定"诸拷囚限满而不首者，反拷告人"。即刑讯逼不出囚犯供词，便对原告人进行反拷。除此以外，唐律对于缓拷、免拷的对象，以及拷打身体的部位，刑讯工具的长短、宽窄等都有具体的规定。并且，对司法官吏违反规定而应承担的刑事责任也规定了相应的处理方法。唐朝以后各封建王朝的法律，基本上都是仿效《唐律》制定的，因此，元、明、清时代的法律同样确认刑讯制度为合法制度。直到清朝改制之后，刑讯制度才得以废除。尽管古代法律对于刑讯有着严格的约束，但是事实上在司法实践中存在着名目繁多、手段残酷的法外用刑，司法官吏滥施淫威，"上下相胥，以苛酷为能，而拷囚之际，尤极残忍"[1]。其结果使无辜者含冤屈招、受罚，甚至不肯诬服而惨死杖下。

上述内容构成了古代中国诉讼制度的基本特征，在价值目标和运行方式方面与现代诉讼制度存在着重要的区别。这些区别也要求我们对古代审讯方法进行理性而谨慎的分析研究。

第二节　传统审讯方法重点探析

在中国历史上，审讯问案一直是犯罪侦查和审理案件的主要方法。司法实践中一些优秀的司法官员善于运用较为科学的审讯方法，在问案

---

[1] 《文献通考刑考》。

中抓住一些不被人注意的细节，巧妙推问，获取出自被讯问人内心自愿的供述，查明了案件的真相。这些科学的审讯方法是中华优秀法律文化的组成部分，对当代的侦查讯问实践有着宝贵的借鉴价值。

一、五声听讼术

在古代中国，五声听讼是一种具有悠久历史的断狱技术。《周礼·秋官·小司寇》中说："以五声听狱讼，求民情。一曰辞听，二曰色听，三曰气听，四曰耳听，五曰目听。"这种方法是指通过观察人的面部表情和言谈举止，来推断其是否犯罪或者陈述是否真实。《尚书·吕刑》中说："两造具备，师听五辞；五辞简孚，正于五刑。"这是说，早在西周时期，司法官审理案件的基本程序是，先用五声听讼法来审查案情，如果案情得到核实考查验证诚信，就按五刑的规定处理案件。"五听"方法为封建历代继承并发展，甚至上升为法律，显示出其强大的生命力。

古代中国一些有经验的司法官员也十分推崇这种方法，如后周时的苏绰则认为：好的司法官应当"先之以五听，参之以验证，妙睹情状，穷鉴隐状。使奸无所容，罪人必得"①。宋人郑克在《折狱龟鉴》一书的"钩匿"篇中指出："案奸人之匿情而作伪者，或听其声而知之，或视其色而知之，或诘其辞而知之，或讯其事而知之。盖以此四者得其情矣，故奸伪之人莫能欺也。"在实际的司法实践中，各级主审官也时常运用

---

① 《周书·苏绰传》。

五听的方法来进行案件的审理工作。这又可分为两种情况：一是在常规情境下使用这种方法。如《折狱龟鉴·察奸》中记载："郑子产闻妇人哭，使执而问之，果手刃其夫者。或问：'何以知之？'子产曰：'夫人之于所亲也，有病则忧，临死则惧，既死则哀。今其夫已死，不哀而惧，是以知其有奸也。'"① 喜怒哀乐是人的情感的外在表现，是内心世界的外化。此案例中，子产听出了妇人哭声中异于常理的"不哀而惧"，从而发现了案件的疑点。二是在特殊情境下使用这种方法，甚至为受审人设置一种情境，以促其吐露实情。例如，"前汉时，颍川有富室，兄弟同居，其妇俱怀妊。长妇胎伤，匿之，弟妇生男，夺为己子。论争三年，不决。郡守黄霸使人抱儿于庭中，乃令娣姒竞取之。既而，长妇持之甚猛，弟妇恐有所伤，情极凄怆。霸乃叱长妇曰：'汝贪家财，固欲得儿，宁虑或有所伤乎？此事审矣。'即还弟妇儿，长妇乃服罪"②。

"五声听讼"审讯方法看起来是靠察言观色和分析当事人心理活动确定供词的真伪，但实际所依靠的是法官通过积累其日常生活经验和审判经验积累基础上所形成的对人情世故的理解和判断能力。它要求法官借助于感性认识，进而剖析事务的情理。因此，"五声听讼"若能运用得当，充分调动法官的感性能力和经验思维能力，是可以成为查明案情的重要手段的。而且，它具有很强的灵活性，适用不同案件情况。案情不同，案件性质不同，可察之处也就不同，但只要能正确运用"五听"

---

① 《折狱龟鉴·察奸》。
② 《折狱龟鉴·摘奸》。

方法，就能于错综复杂、扑朔迷离的案情中找到破案的突破口。

当然，仅凭察言观色来进行断狱是带有主观唯心主义色彩的行为，在司法实践中，如果过于偏重这种方法，忽视与证据的印证，就容易导致司法官员产生主观臆断的结论。但古代的取证技术并不发达，当时的官员能够从司法实践中总结出人们行为和心理的一些规律，并以此作为断案审狱的依据，与完全主观臆断或随便出入人罪的情况相比照，毕竟是在司法审判方面的一个进步。更何况，"五听"法要求办案人员重视直接观察，搜集感性材料的方法来发现案件事实，具有相当的科学性，不应简单地归入唯心主义范畴。

二、钩距诘问术

钩距诘问是与正面诘问相对应的一种审讯方法，即从侧面迂回，辗转推问，使被讯问对象在不知不觉中自露其罪状，从而查明真实情况。这种审讯方法最早见于《汉书·赵广汉传》的记载："钩距者，设欲知马贾，则先问狗，已问羊，又问牛，然后及马，参伍其贾，以类相准，则知马之贵贱不失实矣。"这是用举例的方法说明了钩距诘问的含义，即要问马的价格，先问狗价、羊价再问马价。从狗、羊、马的比价中检验对方回答的马价是否确实。晋灼云："钩，致也。距，闭也。"郑克进一步解释道："盖以闭其术为距，而能使彼不知为钩也。夫惟深隐而不可得，故以钩致之，彼若知其为钩，则其隐必愈深，譬犹鱼逃于渊，而终不可得矣。"[①]因此，钩距诘问就是审讯人员采取迂回渐进的策略，有

---

① 《折狱龟鉴·证慝》。

意绕过关键问题，使被审讯人难以发觉审讯人的真实意图，从次要问题入手，通过多方盘问，使被审讯人于不自觉中暴露矛盾或疑点，最终理屈词穷，不得不如实供述案情事实，认罪服法。

古代有不少司法官吏善于运用这种审讯方法来获得案件实情，如："萧山汪公龙庄官道州时，有别县民匡学义者为匡诚乞养。迨诚生子学礼令归宗。后学礼病不起，属学义以家事。学礼遗田二百亩，历十七年，增至四百余亩。一日，李氏令子检契，则载李氏与学义同买，各契皆然。问之学义，坚称产原公置，租亦公分，详记租籍。李氏诉县、诉府直至本道，发汪公提讯。汪公麾李氏去，而奖学义善经理。问其家产，问其丁口，问其生业，曰：'据汝言，食尚不给，何外人皆言汝有钱耶？'逐拍案大怒曰：'然则汝与李氏同买田之资必由盗窃来矣！'命吏捡报窃旧案曰：'某盗赃银甚多，尚未就获。殆其汝乎？'学义大窘，遂道实。"[1] 此案中，汪公通过运用迂回推问的策略，使被审讯人放松警惕，言多必失，以致陷入不能自圆其说的境地，最后不得不认罪伏法。

"钩距"法之所以成为一种有效的审讯方法，就是因为它所体现的"迂回渐进、声东击西"的策略可以为推动审讯进程、解决审讯难题提供帮助。它具有一些正面审讯方法所不可能具备的优势：首先，隐藏审讯意图，麻痹被审讯人，转移其视线，分散其注意，便于审讯人发现矛盾与漏洞之处；其次，有张有弛、循序渐进地推进审讯过程，避免产生

---

[1]　汪振达：《不用刑审判书故事选》，群众出版社 1987 年版，第 14 页。

讯问僵局；再次，在被审讯人疏于防范的情况下出其不意，攻其不备，迅速突破核心问题。如果能够将钩距诘问是与正面诘问结合起来，则可以相得益彰，增强效果。正面诘问时，由审讯人向被审讯人直接、正面地提出问题令其回答，敦促其如实供述犯罪事实。这在审讯人已掌握必要证据的情况下效果较好；如果被审讯人属于初犯、偶犯、缺乏反审讯经验或者真心悔罪的，往往能够迅速奏效。如果正面诘问受阻，则可以改用迂回提问的方法，由远及近，由浅入深，循序渐进，逐步接触到核心问题，从而取得较好效果。

三、正谲合用术

南宋司法官郑克提出："鞫情之术，有正，有谲。正以核之，……谲以摘之，……术苟精焉，情必得矣。恃考掠者，乃无术也。"[1] "正"是在审讯犯罪嫌疑人时采取正面、直接或常规的方法获取嫌疑人供述或者证人证言；"谲"是指用非常规的计谋、策略或方法探求案情中的隐匿之事，以获出奇制胜之效。郑克认为，常规的方法是核实供述真实性的好方法；非常规的诈术是揭露隐秘的有力武器。二者合用，只要策略得当，案情一定能够查明，因此，动辄依仗拷讯逼取口供是审讯官无能的表现。

审讯的常规方法从正面切入，直接获取嫌疑人供述或者证人证言。但"常规"并不意味着简单，它具有许多表现形式，如"以物正其

---

[1] 《折狱龟鉴·鞫情》。

慝""以事核其奸"等，可以从不同角度起到揭露案情、证慝核奸的作用。相形之下，非常规的"谲术"则比较多样，也考验司法官的智慧，在中国古代不乏其例。例如，使用谲术能够揭穿嫌疑人布下的骗局，如"吉安州富豪娶妇，有盗乘人冗杂，入妇室潜在床下，伺夜行窃，不意明烛达旦者三夕，饥甚奔出，执以闻官。盗曰：'吾非盗也，医也，妇人癖疾，令我相随，常为用药耳。'宰诘问再三，盗言妇家事甚详，盖潜伏时所闻枕席语也。宰信之，逮妇供证。富家恳免，不从。谋之老吏，吏白宰曰：'彼妇初归，不论胜负，辱莫大焉。盗潜入突出，必不识妇，若以他妇出对，盗若执之，可见其诬矣。'宰曰：'善。'选一妓盛服舆至。盗呼曰：'汝邀我治病，乃执我为盗耶？'宰大笑。盗遂服罪。"① 这是将计就计运用策略，从而获得成功的例子。又如，使用谲术还有助于分化敌人，各个击破。如："某公宰襄阳，有大盗案，获犯坚不承认。中有盗，状最凶恶。意其盗魁也，绐之曰：'我似向在何处识汝，汝非盗，何以在此？'逐唤人后堂，徧问各犯情事，既而出堂指众犯曰：'我固知某非盗，原被汝辈所胁，顷已将汝等强劫情形逐一告我。汝等如尚一字隐瞒，我即唤伊出质，不汝宥也。'众犯皆曰：'冤哉！某实盗首，诱胁我辈，如何反诬我？'遂群讦，指其实迹。提某出质，由是服罪。"② 此案中，知县注重分析研究，利用共犯之间互不信任和趋利避害的心理，激发矛盾，各个击破，最终获取嫌疑人的真实供述，使众

---

① （明）冯梦龙：《增广智囊补》卷十。
② 汪振达：《不用刑审判书故事选》，群众出版社 1987 年版，第 192 页。

犯服罪。

四、辞物印证术

我国古代诉讼中的证据形式表现为"辞"和"证"两大类。"辞"即现代证据理论中所谓的言词证据，包括原告陈述，被告陈述和证人陈述；"证"即现代证据理论中的实物证据，包括物证、书证、勘验笔录等。尽管古代司法官吏十分重视当事人的供词，但是他们同时也认识到，如果对供词的可靠程度不进行查证与核验，就难以取得案件的真实情况。因此，司法官吏不仅要"审察词理"，而且要"验诸证信"，使人证与物证相互印证。郑克指出："凡据证折狱者，不唯责问知见辞款，又当检勘其事，推验其物，以为证也。"[1] 其所强调的就是强调口供与物证应当互相印证、相互补充。

对于实物证据的重视，于西周时即有记载。如《周礼·秋官》中说："地讼，以图正之"；"凡以财狱讼者，正之以傅别、约剂"；"凡属责者，以其地傅而听其辞"。宋代郑克更是认为，鞫情之术，"必有以证之，使不可讳也"；一方面，须"有核之以其辞者"，另一方面，须"有证之以其迹者"。[2] 听讼断狱的理想状态是："赃证具在，罪状明白。"如果被告已经辞服，验之以赃证是保证其供词可靠性，防止其自诬服的重要手段，也是司法官吏哀矜折狱、谨慎用刑的一种体现；如果被告拒绝供述，有赃为证则可以迫使其如实交代案情，认罪伏法。在《折狱

---

① 《折狱龟鉴·证慝》。
② 《折狱龟鉴·鞫情》。

龟鉴》中，记载了诸多运用实物证据来验证被告人口供或当事人陈述的案例，典型地反映了辞物相印证的证据技术。如宋时的傅琰为山阴令时，有两个人争一只鸡，傅琰问："鸡早何食？"两个人一个说是粟，另一个说是豆，傅琰于是杀鸡破嗉，发现嗉中有粟焉，于是惩罚了说是豆的人。①

如果只有被告的口供，但没有足够的实物证据来加以印证，应当如何处理？古代证据制度中并无明确规定。受"罪从供定"原则的影响，在许多情况下仍然是依照口供来定案，但是，仍然有一些看重物证的司法官吏并不将被告定罪，如《元史》记载："录囚河东，有李拜拜者，杀人而行凶之仗不明，凡十四年不决。好文曰：'岂有不决之狱如是其久乎！'立出之。"② 在本案中，被告人虽然并未完全消除嫌疑，但在久拖不决后也只能释放。这样的处置倒有些近似现代疑罪从无的精神了。

五、笔录质疑术

在审讯时，将审讯经过，在场人员，被告人的口供和使用的证据记录下来，称之为审讯记录。案件审讯时要作记录在秦律中有明确规定。秦简《封诊式·治狱》说："治狱，能以书从迹其言，毋答掠而得人情为上；答掠为下；有恐为败。"意思是：审理案件，能根据记录的口供，进行追查，不用拷打而察得犯人的真情，是上策；刑讯拷打是下策，迫不得已而为之；惟恐导致审判失败。同时又规定："答掠之必书曰爰书：

---

① 《折狱龟鉴·证慝》。
② 《元史·李好文传》。

以某数更言，毋解辞，答讯某。"这说明，秦时在审讯时是要作记录的，而且这个记录不仅记录口供，还记录审讯过程中采取的措施。从以上规定可以看出，秦要求审讯记录具体、详尽；陈述时要记录，辩解时也要记录，即使进行刑讯也要记录下来。从《封诊式》关于作审讯记录的规定和记载的事例看，秦司法机构的审讯记录大体上应包括以下内容：第一，被审讯者的姓名、身份、籍贯、现居住地点，以及控告的理由。第二，原告的诉词或被告的供述，司法官吏对他们追问时，他们的辩解词。第三，被告人过去是否曾犯过罪、判过刑或经赦免。

如何运用笔录质疑技术？秦简《封诊式·讯狱》规定了如下的要求和程序："凡讯狱，必先尽听其言而书之，各展其辞，虽知其訑，勿庸辄诘。其辞已尽书而无解，乃以诘者诘之。诘之又尽听书其解辞，又视其他无解者以复诘之。诘之极而数訑，更言不服，其律当笞掠者，乃笞掠。"意思是说：凡审讯案件，必须先听完口供并记录下来，允许受审人各自陈述。虽然明知是欺骗，也不要马上诘问。供词已记录完毕但仍然有没有交代清楚的问题，就开始进行诘问。诘问的时候，同样要将其辩解的话记录下来，看看还有没有其他没有查清楚的问题，再继续进行诘问。一直到犯人理屈词穷，这时如果他还在多次欺骗，改变口供，拒不服罪，依法应当拷打的，就施行拷打。凡是经过拷打的，审讯记录上必须注明：某人因多次改变口供，审讯时进行了拷打。

可见，在古代中国的审案过程中，笔录书写是一个非常重要的环节，清律有专条规定："各有司谳狱时，令招房书吏照供录写，当堂读与两造共听，果与所供无异，方令该犯画供。"① 原始笔录由专门的书记官随堂记录，并且要宣读，交双方当事人核对，如果记载有遗漏或者差错，犯罪嫌疑人可以提出补充或者改正。犯罪嫌疑人承认笔录没有错误后，方能命令他画供。以如此方式获得的笔录为在后续的程序中防止犯罪嫌疑人翻供提供了客观的依据。

第三节　传统审讯方法的当代价值

古代并没有像现代那样有专门的侦查、起诉和审判机构，各司法衙门是集诸权于一身的。就其实际功能而言，审讯既包含了现代诉讼中的法庭审理环节，也包含了现代诉讼中的侦查环节。尽管在诉讼程序的设置上古代与传统之间已有本质上的区别，但是，在去除了与传统纠问制诉讼过于密切的因素之后，传统审讯方法无论对于现代的法庭审理还是审前侦查都有一定的借鉴意义，以下略作分析。

一、正确认知口供的证据价值

传统诉讼制度重视被告人口供的价值，这在当时的社会条件下，有其历史必然性。古代虽然存在不少因刑讯逼供导致冤案的例子，但也应该注意到，立法要求各级官员"先备五听，又验诸证信；事状疑似，犹不首实者，然后拷掠"。经过合法程序获取的被告人的真实口供，当然可以具有很强的证据价值。除了口供本身以外，古代官员也重视它对其他证据的比较印证，以及证据进行综合判断，在这一点上，古代的一些优

---

① 《大清律例·刑律·断狱·吏典代写招草》条例。

秀司法官员正确地认知了口供的证据价值与局限。在性质上，口供的证明效力具有两面性，真实的口供有利于迅速查明案情，保障诉讼双方当事人的权利，而虚假的口供往往是侵害人权的产物，也易于导致冤假错案。出于打击犯罪的目的，对口供不能弃而不用；出于对侵犯人权的担忧，对口供又不能盲目迷信、过分依赖。这其中平衡的支点就是要正视口供的功能。

关于口供的证据价值，当代的司法实践中也存在两种办案倾向。一是"口供至上主义"。这是受封建社会司法制度中"无供不录案""罪从供定"思想的影响，有的司法人员夸大了口供的作用和地位，总认为有口供定案才踏实，为求口供甚至不惜使用刑讯逼供等非法取证方式，这又难免使口供的真实性受到影响。二是"口供虚无主义"。有检察机关为了从根本上避免发生刑讯逼供，在司法改革过程中推出"零口供规则"。"零口供"要求检察官在审查案件时完全不考虑口供的作用，在口供之外重新建立完整的证据体系。这种改革初衷是很好的，有助于更新办案观念，特别是消除长期以来在执法和司法人员观念中形成的"口供情结"。但是，"零口供"的做法过于极端，因为被告人的供述毕竟是我国法律规定的一种证据，完全无视其存在，彻底否定其价值，既有悖于法律规定的精神，也不符合司法证明的规律。无论是"口供至上主义"，还是"口供虚无主义"都是有失偏颇的。获取犯罪嫌疑人的真实口供始终是侦查讯问的直接目标。讯问程序的完善，讯问中人权保障的强化，所改变的只是侦查讯问的手段，并没有改变这个目标。办案人员在审查判断口供的合法性和真实性时，还需要结合其他证据加以检验与印证，以便对案件事实作出综合判断。

二、辞物印证，防止翻供

在侦查活动中，讯问犯罪嫌疑人的目的就是要获取口供。作为一种重要的证据形式，口供具有多方面的功能，包括：发现、收集其他证据；对其他证据进行验证或者质疑；成为证据体系的一环来认定案件事实等。但是，口供又不可避免地具有天然的局限性。由于犯罪嫌疑人即将面临刑事责任的制裁，口供的作出会受到各种因素的影响，因此其中往往同时交织着真实与虚假的成分，并且，伴随着诉讼的进程，犯罪嫌疑人的心理也会出现波动，表现出反复翻供的行为，因而口供又表现出不稳定的特征。如何判断口供的真假以及应对犯罪嫌疑人的翻供是古往今来刑事司法都不得不面对的现实问题。中国古代法律将"罪从供定"确立为诉讼证明的基本原则，显然过分夸大了口供的真实性和重要性，这也是诉讼制度与实践中刑讯逼供得以存在的重要原因之一。然而，古代司法者在实践中也总结出了诸如辞物印证、情理审查等行之有效的方法，有助于对口供进行务实的审查和判断。这些对于当代审讯实践中判断口供的真实性以及应对犯罪嫌疑人翻供也有一定的借鉴价值。

在审讯过程中，办案人员不能只是孤立地获取口供，同时还要善于使用其他证据或者旁证材料分析、鉴别口供的真实性。有时，其他证据的收集与出示对审讯的突破以及口供的审查是至关重要的。例如，在审讯中适时出示证据是打消犯罪嫌疑人侥幸心理的有效手段，也能够击溃其心理防线，促使其进行如实供述。同时，审讯与调查取证相结合也有助于审查犯罪嫌疑人、被告人的口供与其他证据有无矛盾。如有矛盾，应当认真分析矛盾的具体表现及其产生的原因，必要时进一步收集证据，排除矛盾。尤其是对案件定性具有决定意义的关键要件，一定要做到口供与旁证相印证，在口供与其他证据之间形成一个协调的证明体系。缺乏旁证的补强，口供的真实性就会疑点重重，一旦犯罪嫌疑人翻供，侦查工作则会前功尽弃。而如果存在充分的旁证支持，即便到庭审中被告人出现翻供的情况亦不足为虑。此时辞物印证、笔录质疑、情理审查等方法就可以发挥作用。被告人庭审中翻供，但不能合理说明翻供原因或者其辩解与全案证据矛盾，而其庭前供述与其他证据相互印证的，法庭仍然可以采信其庭前供述。因此办案人员应将取证与审讯协调起来，使两者相得益彰，相互促进，这是在审讯中取得突破，并防止犯罪嫌疑人翻供的重要措施。

三、合理使用审讯策略

在侦查过程中，审讯是在办案人员与犯罪嫌疑人之间展开的一场面对面的较量，其中有可能涉及审讯策略的运用。在一定意义上，审讯是不能不讲策略的。这是因为侦查中的审讯是一种特殊的人际交流形式，它具有鲜明的对抗性特征，既不同于我们平常询问人的方式，也有别于法庭上的交叉询问。为了更快地获取犯罪嫌疑人的口供，侦查人员往往会采取隐瞒真实询问意图和实际情况的策略。不少学者认为，适度欺骗可以成为刑事审讯的基本方法之一，而"刑事审讯不可避免地带有欺骗的成分"①。即使是在一些法治发达国家，刑事审讯中的策略也被认为是必要的和恰当的。美国刑事审讯专家弗雷德·英博说，尽管说审讯人员必须合法取得嫌疑人的供述，但是，他也"应该了解法律所允许的审讯策略和技术，这些策略和技术建立在以下事实基础之上：即绝大多数罪犯不情愿承认罪行，从而必须从心理角度促使他们认罪，并且不可避免地要通过使用包括哄骗因素在内的审讯方法来实现。这种方法被恰当地规定下来"②。这种所谓的"欺骗"其实就是指审讯策略的运用。

审讯策略或称审讯谋略指审讯人员针对犯罪嫌疑人的心理，在审讯中运用智慧和计谋，诱使或迫使被审讯人吐露案件事实真相所采取的对策和方法。它是各种一般性审讯方法的综合运用。审讯策略运用得当，可以促使犯罪嫌疑人理性地权衡利害关系，或者诱使其产生某种心理错觉，放松警惕，或者激发其内心的情感和道义，在此基础上作出如实供述。有时，成功的审讯策略能够从小线索入手，挖掘出隐藏很深的大案、要案，对于我们及时有效地获取犯罪嫌疑人口供，发现和认定犯罪具有重要意义。这一点，中国古代司法官吏的实践提供很多的经验，前述钩距诘问术、正谲合用术即是其例。在现代审讯实践中，审讯

① 龙宗智：《威胁、引诱、欺骗的审讯是否违法》，《法学》2000年第3期。
② ［美］费雷德·E.英博、约翰·E.雷德、约瑟夫·P.巴克雷：《审讯与供述》，何家弘译，群众出版社1992年版，第275页。

方法和策略的运用也是不可或缺的。欺骗性讯问因不具备非法的肉体强制，在一定限度内不影响自由意志而具有一定合法空间。①美国刑事司法专家奥布里等人也极为推崇审讯方法与策略的运用，他说："审讯方法大致包括以下几类：直接的方法与间接的方法，激情刺激的方法与巧立名目的遁词诡计方法。每一种类又包括各种不同的具体方法：无足轻重的冷淡法，同情或情感共鸣法，'强烈诱惑法'，'只要是人谁都会这样做'，态度友好法，提供帮助法，朋友般的谈话法，偏袒的辩解法，减轻处罚法，安慰悲伤法，推托责任法，'冷热交替法'，缩小犯罪等级法，夸大犯罪等级法，极力缩小犯罪后果法，'既成事实法'，假象欺骗和吓唬法（威吓哄骗法，既有利也有弊），苛刻的事务性方法，揭穿谎言法，假造证据法，重复强调同一主体法，通过讲真话减轻精神压力法，坚韧不拔的穷追猛打法，'激发体面与荣誉感'，'在案件中的作用'，'贬损诋毁与用好话逐步赢得好感以便最后利用法'，'坦率地说出犯罪真相讲真话法'。"②这些方法与前述古代审讯技术有诸多的共通之处。

但我们也应该注意到，审讯策略的运用意味着在一定程度上允许使用欺骗的形式，这不免与侦查人员的诚信形象之意发生背离。现代刑事诉讼要求在审讯时充分保障犯罪嫌疑人供述的自愿性，尊重其基本人

① 张鸽：《欺骗性讯问：合法的讯问策略还是非法的心理强制？》，《犯罪研究》2018年第3期。
② ［美］阿瑟·S.奥布里、鲁道夫·R.坎普托：《刑事审讯》，但彦铮、杜军译，西南师范大学出版社1998年版，第171页。

权，这就需要辨清违法审讯与合法的审讯策略之间的界限。总体来看，运用审讯策略应遵循合法、合理原则，不得违反法律的规定或者超越法律允许的范围，不得违背程序的要求，不能为了达到目的而不择手段，防止沦为一种完全诱供式的审讯。

第七章

传统判决叙事的现代司法价值

今人对中国古代判词虽然欣赏备至，但大都认为，这些都是由非法律职业的文人法官创作的文学作品，属于古代法律推理模式不够发达的一种产物。然而，从现代叙事学的角度来看，中国古代判词之中包含关于正义、公平和良善人伦秩序的一种有目的叙事。这种叙事不能简单地视为法条推理和律意解释的补充与修饰，它实际上具有法本体的建构功能。因此，这种叙事不仅不能被排斥在现代司法之外，而应当成为司法将现代核心价值观运送到人心之中的重要路径。

第一节　古代司法判决的叙事学分析

一、基于实例的分析

在撰写判词时，中国古代的司法官并不严格遵循三段论推理模式，据统计，《名公书判清明集》判词中明确引述法律条文者仅占五分之一。古代判词所采取的似乎是一种独特的叙事模式。在内容层面，古代判词的案情叙事体现为整体建构性，即将法律规定、案件事实、人情事理进行融贯性叙述；其规范叙事则强调案中行为与事件的伦理性评价。在形式层面，古代判词彰显出叙事目标的功能性，即通过生动的语言以及诉诸人之情感的叙述来实现社会治理的功能；在叙事语言上则体现出浓烈的修辞性，以情文并茂的文学语言加以表达，不仅打动人心，也具有很强的说服力。现仅举唐代著名诗人白居易所拟"百道判"之第一道来加以说明。

> 案情：甲去妻后，妻犯罪，请用子荫赎罪，甲怒不许。
>
> 判决：二姓好合，义有时绝；三年生育，恩不可遗。凤虽阻于和鸣，乌岂忘于反哺。旋观怨偶，遽抵明刑。王吉去妻，断弦未续；孔氏出母，疏网将加。诚鞠育之可思，何患难之不救？况不安尔室，尽孝犹慰母心；薄送我畿，赎罪宁辞子荫？纵"下山"之有怒，曷"陟岵"之无情？想《茮苡》之歌，且闻乐有其子；念《葛藟》之义，岂不忍庇于根？难抑其辞，请敦不匮。①

这个案件在唐代并不算是疑难案件。《唐律疏议》卷二"名例"规定："其妇人犯夫及义绝者，得以子荫。虽出，亦同。"又云："妇人犯夫，及与夫家义绝，并夫在被出，并得以子荫者，为母子无绝道故也。"从法律上看，被出之妻完全可以有凭"子荫"来庇护其罪的权利。本来可以使用从大前提（法律）到小前提（事实）再到判决（结论）的

---

① 谢思炜：《白居易文集校注》，中华书局 2011 年版，第 1623 页。

清晰论证，但白居易却选择了融情入理、文采斐然却较为曲折的道德叙事。

在判词中，他说："二姓好合，义有时绝"，意思是，婚姻是两个不同家族交好联结的纽带，但世事难料，出现夫妻感情破裂的情况也不足为奇。这是人情事理的分析。"三年生育，恩不可遗"，意思是，母亲怀胎十月，又养育了三年，这样的恩情怎可一旦抛割？这是基于道德规范的教导。"凤虽阻于和鸣，乌岂忘于反哺"，这是用类比来说明：凤凰失去配偶可以永不和鸣，是指甲与妻子双方现在已不是夫妻关系；乌鸦却始终不忘要反哺母亲，是告诫儿子要有作为人子的孝心，要知恩图报，善待其母亲。

一番道德说教之后，白居易开始揭示本案的争点和难题。"旋观怨偶，遽抵明刑"，意思是，这个婚姻不美满的妻子就要遭受刑事处罚了，该如何处置呢？但白居易仍然没有援引法条，依法裁判，而是举了两个古人的例子来比照说明。一是西汉宣帝时期博士谏大夫王吉。"王吉去妻，断弦未续。"王吉年轻时在长安求学，邻居家有棵大枣树，树枝垂到他住的院子里，妻子从上面摘了些枣子给王吉吃。后来他知道枣树是邻居家的，便把妻子休了。邻居得知这件事，就把枣树砍掉，又经大家再三劝说，王吉才将妻子招回。这里的隐含意义是：王吉是这么严格要求自己的人，在休妻之后还能够将妻子招回；如果听任本案这位被休的妻子得不到庇护，那么，岂不是王吉也不能将妻子招回了？二是孔子的祖孙三代。"孔氏出母，疏纲将加。"孔子、孔鲤、孔伋祖孙三代均曾休妻,而孔伋更立下"不丧出母"的家规①,按孔氏家法,儿子对已被父亲休弃的母亲,不必服丧,但法律却会对其母有所宽宥。

面对如此两难,白居易没有给出自己的答案,或者以国法高于圣人家法的理由来下判,而是向甲之子提出道德追问:"诚鞠育之可思,何患难之不救?"只要你心中还存有对母亲养育之恩的思念之情,为什么母亲处于患难而不相救呢?当然,礼教故事的引导也是必要的。"况不安尔室,尽孝犹慰母心。"这是《诗经》中的故事。周朝邶国有个妇人,生有七子,后因家境贫困,想要改嫁。七子唱《凯风》这首歌自责,希望母亲回心转意。②在儒家看来,这是儿子能尽孝道的一种体现。"薄送我畿,赎罪宁辞子荫?"《诗经·邶风·谷风》中有一位被丈夫抛弃的妇女,控诉丈夫无情时说:"按礼远近也该送送我,你却不肯迈出大门槛。"这里隐含的意思是:虽然丈夫对离弃的妻子只送到大门口,但儿子是亲生的,为什么赎罪不允许享受子荫呢?"纵'下山'之有怒,曷'陟岵'之无情?"你去读一读《诗经·魏风·陟岵》吧,感受一下游子思念母亲的深情,即使你的父亲为此而生气,作为人子,你不能忘却母亲的养育之恩,成为无情无义之人。"想《芣苢》之歌,且闻乐有其子。"你再想想《芣苢》之歌是怎么唱的,就可以体会妇女喜爱自己儿子的心情了。"念《葛藟》之义,岂不忍庇于根?"《诗经·周南·樛木》中有"南有樛木,葛藟累之"的诗句,犹如葛藟一样,荫庇母亲就是庇荫你

---

① 《礼记·檀弓篇》。
② 《诗经·邶风·凯风》。

的根，你难道还忍心拒绝母亲对于庇护的请求？

在一系列的道德叙事之后，白居易总结道："难抑其辞，请敦不匮。"意思是，当事人甲你不能阻止你前妻的诉求，相反你应该教导敦促这样的孝子不断涌现。这既是案件的裁判结论，也是对当事人的教导，更是对法律目的的宣示。白居易通过儒家经典以及古人道德范例来唤醒当事人泯灭的情感，同时向天下民众昭示了法律背后的人伦精神。

对于中国古代判词的文学性特征，学界多数观点认为这是由于司法主体非职业法官，而是精通诗文的文人；批评者认为它不过是"堆垛故事之浮词"，而赞赏者则认为其修辞性功能有可取之处，但这类看法都有些狭隘。以现代叙事学的视角观之，这种判词叙事模式并不只具方法论价值，它还有法律本体论意义。一纸裁判文书并不仅仅是个案纠纷的解决，更重要的是向辖区内的民众以所能够理解的方式宣示法的真正意思，即通过情理法相交融的判决叙事，基层官员实际上是在向民众讲述何谓好的社会秩序以及何为"好人""坏人"的生动故事，通过塑造民众对于法律的认知，形成有关基层社会治理的法之本体。

二、基于叙事学的解读

一般意义上的叙事是指"对于一个时间序列中真实或虚构的事件与状态的讲述"[1]。如果将叙事广义地理解为具有特定结构与功能的事件或文本，那么，司法判决显然可以归入其中。

---

[1] ［美］杰拉德·普林斯：《叙事学——叙事的形式与功能》，徐强译，中国人民出版社2013年版，第2页。

首先，判决书中的诉讼案件具有故事性。"一份好的判决书首先是一个好故事。"① 判决书的叙述元素同传统叙事学当中的构成元素相同，即时间、空间、人物、事件。不同于日常生活事件的是，法官依照法律的规定来交代案件发展的过程，将法律意义赋予案件事实，产生一个可以被理解的法律故事或者可以被领悟的法律精神。这意味着，法官撰写判决书不能仅仅遵循"大前提＋小前提→结论"的逻辑推理路径，而应当讲好一个故事，并在故事之中传送法律的意旨。

其次，判决书是作者与读者之间的话语交流形式。叙事话语的最基本功能是信息交流，既然是交流性话语，它就必然存在着进行交流的双方主体，这就是叙事学中所强调的话语叙述者与话语接收者之间的隐形结构。② 叙事文本的这一特征同样适用于判决书。判决书的作者是法官，读者是当事人，判决书的宣告必然表现为两者之间的话语交流，而判决书则是叙述话语的意义呈现。与普通叙事一样，判决书的制作与发布过程也存在着话语叙述者与话语接收者之间的复杂结构。判决书这一叙事特征的发现，能够使我们注意到，以往对判决书的研究，其受众在很大程度上被忽略掉了，如果将法官作出判决当成一种叙事过程，那么我们就应当考虑受众即当事人和公众的接受与认可了。

再次，判决书的叙事基于一定的交流目的而存在。叙事理论认为，所有的叙事都表达了一定的意旨，渗透着作者的价值观，它"不仅是虚

---

① 马宏俊主编：《法律文书价值研究》，中国检察出版社 2008 年版，第 250 页。
② 祖国颂：《叙事的诗学》，安徽大学出版社 2003 年版，第 2 页。

构的故事而且是任何语言或非语言的描述，其中有说话者给予意义的一系列事件"①。作为法院意见的重要载体，判决书同样具有特定的交流目的。从表层上看，它要将法官对特定案件的基本情况以及判决结果等信息告知当事人；往深层次看，它要展现法官对事实的认定、对法律的解释以及讲事实与法律连接起来的推理过程与逻辑性，人们通过这一推理过程可以了解法律的规定及其含义；在更深层次上，判决书的叙事都展现了法院乃至国家对于特定行为、事件的态度与立场，以及所推崇的价值观。

第四，判决的效果受到叙事方式与叙事技巧的影响。如果说判决书也是一种文体，那么它属于十分讲求客观性的那种类别，较少渗透主观情感性的语言，因此它对语言的运用显得格外严格，要求简洁、平实、精确，在叙述态度上则要求冷静、去情感化。但是，尽管如此，判决的效果还是受到了叙事方式与叙事技巧的影响，典型的例子便是修辞的运用。陈望道区分了消极修辞和积极修辞。凡能使语辞呈现明白、清晰情貌的，称为消极修辞，凡能使语辞呈现生动、形象情貌的，称为积极修辞。② 相对于消极修辞的抽象性、逻辑性，积极修辞往往以具体的、体验的方式呈现。如果说公文式的判决书体现的是消极修辞，那么，古代判决中的叙事则更多地体现了积极修辞，能够在受众之中获得更大的可接受性。

---

① ［美］斯蒂文·小约翰：《传播理论》，中国社会科学出版社 1999 年版，第 306 页。
② 陈望道：《修辞学发凡》，复旦大学出版社 2008 年版，第 37—39 页。

中国古代司法官员向人们呈现了一种叙事式的独特判决类型，它不是严峻而刻板的公文式表述，而是通过对素材的整理和组织，编排具有叙事功能的一系列事件。公众通过阅读判决书来进行感知司法的态度，并因而产生特定的个体情感反应和经验联想。这种叙事式判决采取生动活泼、百姓喜闻乐见的形式，或情理交融、展示温情，或寓理于判、感化劝谕，不仅体现了较强的人文关怀，也使判决理由更加饱满，也有助于当事人服判息诉，提高法院的司法公信力。

第二节　当代司法判决中的道德叙事及相关争议

近年来，"加强判决文书的说理"一直是最高人民法院司法改革的重点方向，但最初所强调的只是法律理由的阐释，并没有将道德理由包括在内。2021年1月，最高人民法院印发《关于深入推进社会主义核心价值观融入裁判文书释法说理的指导意见》，就社会主义核心价值观融入裁判文书释法说理的基本要求、案件范围、重点方法以及配套机制作出规定，由此明确了在判决书中加强道德话语的必要性。而从仅强调法律理由的阐释到要求引入道德话语，也体现了最高人民法院回应公众道德需求的政策转向。

事实上，在司法实践中，将道德话语融入判决说理已早有尝试。早期的一种形式是可以容纳法官道德评判的"法官后语"，这是附署于裁判文书规范化格式之后的一段对当事人给予有关法律、伦理教育或个案启示的简短文字，它代表合议庭全体法官的道德评判或法律方面的意见，是对裁判理由和结果的补充说明，但不具有法律约束力。[①] 上海市第二中级人民法院于 1996 年 6 月率先在一份人身损害赔偿纠纷上诉案的第二审民事判决书中附设"后语"，其后有选择地在二审、再审民事、刑事案件裁判文书中试行，并改称"法官后语"。[②] 但是，理论界与实务界对这种"法官后语"的使用一直存在争议。

21 世纪以来，一些法院又尝试在判决书中直接引用经典的道德规范。例如，在一份民事判决书中，法官这样说理：

> 婚姻本就是平凡平淡的，经不起任何一方的不安分折腾。时间是一杯毒药，足以冲淡任何浓情蜜意。幸福婚姻的原因自有万千，不幸婚姻的理由只有一个，许多人都做了岁月的奴，匆匆的跟在时光背后，迷失了自我，岂不知夫妻白头偕老、相敬如宾，守着一段冷暖交织的光阴慢慢变老，亦是幸福。……家和万事兴。在婚姻里，如果我们一味的自私自利，不用心去看对方的优点，一味挑剔对方的缺点而强加改正，即使离婚后重新与他人结婚，同样的矛盾还会接踵而至，依然不会拥有幸福的婚姻。"为什么看到你弟兄眼中有刺，却不想自己眼中有梁木呢。你自己眼中有梁木，怎能对你兄弟说，容我去掉你眼中的刺你呢。你这假冒伪善的人，先去掉自己眼

---

① 上海市第二中级人民法院研究室：《裁决文书附设"法官后语"的思考：我国裁判文书格式和风格的延续与创新》，《法律适用》2002 年第 7 期。

② 周道鸾：《情与法的交融：裁判文书改革的新的尝试》，《法律适用》2002 年第 7 期。

中的梁木，然后才能看得清楚，以去掉你兄弟眼中的刺。——《圣经·马太福音》。"正人先正己。人在追求美好婚姻生活的同时，要多看到自身的缺点和不足，才不至于觉得自己完全正确。①

实践中还有法官援引在社会上广泛知悉的古诗词来劝告当事人。2016 年 6 月 27 日，江苏省泰兴市人民法院公布了"黄某甲与王某离婚纠纷一审民事判决书"。判决书正文中，对于案情的介绍和当事人诉求，均按照司法文书的语言格式书写，而到了"法庭意见"部分，法官进行了个人发挥：

原、被告从同学至夫妻，是一段美的历程：众里寻他千百度，蓦然回首，那人却在灯火阑珊处。令人欣赏和感动。若没有各自性格的差异，怎能擦出如此美妙的火花？然而生活平淡，相辅相成，享受婚姻的快乐与承受生活的苦痛是人人必修的功课。人生如梦！当婚姻出现裂痕，陷于危机的时刻，男女双方均应该努力挽救，而不是轻言放弃。本院极不情愿目睹劳燕分飞之哀景，遂给出一段时间，以冀望恶化的夫妻关系随时间流逝得以缓和，双方静下心来，考虑对方的付出与艰辛，互相理解与支持，用积极的态度交流和沟通，用智慧和真爱去化解矛盾，用理智和情感解决问题，不能以自

---

① 重庆市巴南区人民法院（2016）渝 0113 民初 404 号民事判决书。

我为中心，更不能轻言放弃婚姻和家庭，珍惜身边人，彼此尊重与信任，重归于好。

该案主审法官以辛弃疾的词句开篇，通过讲人生道理，来规劝双方当事人珍惜感情，努力拯救婚姻，并建议双方"用智慧和真爱去化解矛盾，用理智和情感去解决问题"。法官的判决是双方"不准离婚"，这种道德上的规劝与情感上的说服与判决取得了相得益彰的效果。与通常印象中严肃、刻板的司法文书迥异，这些判决书使用了大量个性化语言，并夹杂有诗句，因此被称为"诗意判决书"。

但批评者也大有人在，认为无论是"法官后语"，还是所谓"诗意判决书"，显然都改变了以往司法文书的文风，带有极强的道德教化和伦理色彩，实为对传统裁判文书规范形式的一种伦理化突破。[①] 对于司法判决中是否可以容纳道德话语的存在，不少学者是持反对意见的。反对理由主要有两个方面：

一是从法律语言的规范化角度来反对在法律文书中使用道德话语。如周光权在评论一份关于寻衅滋事罪的起诉书时指出，对于被告人的职业描述不宜因为被告人无业而将其表述为"社会闲散人员"，这是因为，使用"社会闲散人员"这一贬义词来指称处于无业状态的被告人时，带有了先入之见：因为被告人处于闲散、如无头苍蝇一样四处游荡

---

① 袁博：《裁判文书伦理化的保留与倡导》，《上海政法学院学报（法治论丛）》2014年第3期。

的状态，所以其犯下寻衅滋事这种和"流氓"性质有关联的犯罪就可以理解。他认为，起诉书里的这种指涉与检察官客观、中立义务的履行有一定程度的冲突，起诉书中不慎重、不妥当的描述背后，反映的是指控犯罪的立场在一定程度上的偏差，且兹事体大，不可不察。① 而对于刑事判决书中"不杀不足以平民愤"的表述，一直备受诟病。这些学者认为，道德话语的使用暴露了司法判断上长期以来存在的主观化、随意化、标签化的做法。

这些学者强调了法律语言与道德话语的差异。法律语言，广义上是指所有法律人在法律活动中所使用的专门性话语，包括立法语言、司法语言、执法语言以及法学理论语言等。② 一般认为，立法语言最为典型地体现了法律语言的风格，如采用固定的语句模式，具体严谨的逻辑结构，并且使用"应当""可以""禁止"等规范词，具有明确性与可预测性。道德话语虽然也会使用"应该""不得"这一类的规范词来表达道德责任与义务，但总体上缺乏法律语言所特有的严密性与明确性，相反，它多数属于生活气息浓重的平民化用语，具体很强的通俗性，内容上多表现为日常的情理，往往会融汇个人的道德情感在内，人格化色彩较强。

二是认为司法判决的道德叙事倾向是屈从于舆情的结果，对于司法

① 周光权：《恰如其分：刑事起诉书表述最高境界》，《检察日报》2017 年 5 月 26 日。
② 谢潇：《法律语言学立法语言——从宪法看立法语言的特点》，《湘潭师范学院学报》2005 年第 6 期。

权威和法治原则的落实具有侵蚀作用。公共舆论大致都会带有传统道德理想成分和"道德叙事"指向，如果盲目服从，会对司法产生了一定的不良影响。因此，推进法治社会建设应当"扬弃儒法文化传统，积极进行法治信念和精神的塑造，培育理性的公共舆论和公民的理性参与，抑制'道德叙事'的阶级'对抗'情怀，使民众能够达致合理诉求、理性表达"①。这里将道德叙事看成是非理性表达诉求的一种方式，法官在司法中的接受是对舆情狂欢的一种无奈、过分迎合之举。不利于确立全社会的法治精神与信念，以及构建公共舆论与司法过程的良性互动关系，也不利于司法公正和法治秩序的构建。

并且，这些学者还有更深层次的担忧。如果判决书中大量使用道德话语，这意味着法官审理案件会诉诸法律之外的道德、情理或意识形态，由此导致一种有关司法独立性的忧虑。在现代法治体系中，法官的职业角色要求其在当事双方之间居中裁判，保持超然的姿态，避免个人情感的渗入。有人担心，法官对被告的品行作出判断，一方面是法官感情外化、不够理性，从而违背司法的中立性，另一方面，法官对诉讼请求范围外的事项作了判断，也混淆了司法的本性与职责。②

随着最高人民法院《关于深入推进社会主义核心价值观融入裁判文书释法说理的指导意见》的印发，在判决书中适度融入道德话语已成为

---

① 马长山:《公共舆论的"道德叙事"及其对司法过程的影响》,《浙江社会科学》2015 年第 4 期。

② 周文轩:《婚姻家庭案件的审判应审慎运用道德话语》,《法律适用》2004 年第 2 期。

基本方向，但是我们仍然应在厘清其意义的基础上把握"如何融入"以及"如何适度"的问题。

第三节　道德叙事融入判决说理的尺度

判决书怎么说理论证，本无刻板要求，不同国家司法传统与习惯不同，呈现的面貌也有所差异。[1]从严格法治的角度，判决应当直接从法律推断出来，这一点并无疑义，早先我国法院的判决并不重视说理，司法改革于是将判决书说理作为改革目标之一，这不仅是法律论证内容的增加与改进，也是司法理性的进步。但这里所说之"理"，仅指法律之"理"，而要将人情之"理"纳入其中，仍然需要专门的论证。

在此，中国古代叙事式判决给我们的启示是，司法判决可以适当地包容一定的道德或情感的叙事。基于这种叙事思维，判决书中的事件，不应是流水账式的证据堆砌，而应是对于事实要素的整理和重构。在呈现事件的过程中，法官对材料必须要有所割舍、有所强调，有所剪裁。而且，叙事能够帮助我们依托判决书建立一种"情境"，一种法律的事实空间。相对于法律概念的纯理性推演，这种情境或法律事实空间带有较多的感性因素。能够使案件中的人物或角色变得生动，而阅读者能够触摸到法官的态度与情感，并产生共鸣。这种叙事区别于纯粹再

---

[1]　张建伟：《〈孝经〉写入判决书的法文化解读》，《人民法院报》2010年7月23日。

现性的叙述，需要制造出一种态势，营造出一种氛围。法官对判决叙事的设计应当考虑读者关于判决的感受，同时赋予这个事件以法律和道德意义。

司法裁判中道德话语的存在虽具有理论上和实践上的合理性，同时它也是一柄双刃剑。单纯用抽象的法律语言来审判，只会加大社会大众与司法系统之间的隔离感，而道德话语的引入则会使判决书直指人心理，走进人心。司法判决中适度使用道德话语，具有非常多的积极作用。任何事物都有两面性，道德话语也有消极作用，如具有情感性、不确定性。因此，不能让道德评价完全代替法律判决。讨论如何在司法裁判中运用道德话语，不能持全或无的态度，而应当探索如何进行"度"的把握。因此换言之，就需要探讨司法裁判中究竟应当如何来适度运用道德话语，以用其所长，而避其所短。

在判决书法官后语的实践中，也有人主张最高人民法院通过司法解释或指导性案例的方式来对案件的适用范围、内容与形式标准、作出的过程等方面来加以明确。迄今为止，并没有这样的司法解释或指导性案例出台。但问题是，道德话语的引入并不适合作统一的规定。因为，一律要求在判决书后附加法官后语会加重法官的负担，最终会成为官样文章，降低其预期效果；并且，这样也有可能不适当地扩展了道德话语的使用范围。在司法过程中，除了法律的统一规范适用之外，必然会存在法官自主判断的那一部分。道德话语的使用应当将由亲历案件审理的法官或合议庭来进行自主判断，他（她）们需要根据案件中道德因素的强弱、当事人的特点、公众的关注程度以及引入道德话语的必要性和有效性作出判断。

在笔者看来，尽管不宜用统一明确的规范来加以规定，但确立一定的原则还是必要的，这也有助于法官在方法论上作出适当的选择，在合理的范围内以合适的方式用道德话语发挥道德叙事的积极作用，而避免其消极作用。分述如下：

第一，判决书中的道德话语应当作为法律推理的辅助工具，具有补充性。

在判决书中，法律话语与道德话语可以并存，但两者之间是主次关系，是主体与补充的关系。法律话语强调推理性，重在涵摄法规，阐释法意，彰显法制的统一平等适用；道德话语则强调劝谕性，重在分析情理，推行善良观念，并增强判决的可接受性与可执行性。两种功能具有互补性，但应当以法律判断为主体。在一定意义上说，道德话语是为法律话语服务的，道德话语的运用应以裁判的合法性为前提。因此，法官必须保证判决的结果是由法律所决定的，应当符合法律的解释规则，不能单纯地使用道德判断作出裁判。法官应以依法裁判为职责，单纯使用道德规范作出裁判是错误的，或者说单纯使用法律上遵循社会公德的规定直接作出裁决同样是不妥的。在一定情理法冲突的疑难案件中，法官在作出判决时可能也会结合情理，但需要在方法论上得到有效的协调。当然，我们也应该注意到，道德话语也具有一定的能动性，即它能够引导法官关注社会的道德需求，发现法律的可能漏洞，并运用恰当的司法方法来加以弥补，熨平法律的"皱褶"。①

第二，道德话语本身的选择应当具有合理性与妥当性。

相对于法律话语，道德话语较为弹性和模糊，因此，法官在裁判文书中运用道德话语，应当特别关注其合理性与妥当性。这里的合理性是指道德话语所表达的意蕴应经过历史和实践的检验，符合社会公众的预期，能够得到人们广泛接受和认可。的确，有时对于社会价值何为"主流"或"非主流"的判断并不那么明晰。但是，只要法官理性的方式进行探知，一定会发现社会价值的主流观点。道德话语应当符合社会主流价值观。在妥当性方面，法官应当重视裁判文书运用道德话语的目的性，即发挥它在提升判决结论的社会效果方面的积极作用，如果某个判决本身已然获得很高程度的接受程度，道德话语的使用就是画蛇添足了。另外，法官还应当重视道德话语的个案针对性，避免泛泛而议。换言之，道德话语的适用应当结合个案的情境，有助于析清事理，劝解调和，或彰显法律立场，而不能空喊"口号"，或者将道德话语当作随便洒的"胡椒面"。

第三，充分考虑使用道德话语的具体效果，尤其要避免对当事人权利的"误伤"。

---

① 英国著名法官丹宁勋爵说过："法律就像一块编织物，用什么样的编织材料来编织这块编织物，是国会的事，但这块编织物不可能总是平平整整的，也会出现皱褶；法官当然不可以改变法律编织物的编制材料，但是他可以也应当把皱褶熨平。"参见［英］丹宁勋爵：《法律的训诫》，杨百揆、刘庸安、丁健译，法律出版社1999年版，第12—13页。

　　道德话语的运用应关注其具体使用效果。这种效果既是指论证效果，也是指现实效果。在论证效果方面，道德话语的使用应当有助于说服、论证，如果要引用经典道德话语，也应当以妥适为原则，应起到画龙点睛的作用，不可为卖弄学问、掉书袋而引用，对无助于加强说服力的，不必强为引用；并且，用词不可导致无谓的争端，容易引起误解或者产生歧义的，不用为宜。① 道德话语的运用还应考虑现实效果，这就需要法官结合个案情境，对道德话语适用之后可能产生的具体效果作预判，尤其要避免对当事人权利的"误伤"。例如，在李某强奸罪平反案中，中学老师李某被错判为强奸罪，后被平反。出狱后，李某向教育局要求恢复公办教师的身份，但教育局拒绝了他的要求。原因是在再审判决书中，法院最后认定的表述是："原审被告人李某于1976年任教期间，先后与女学生罗某、李某某等人鬼混，情节显著轻微，不构成犯罪。原判定性不准，科刑不当，应予纠正。"教育局认为，从表述来看，判决书虽然认定李某不承担刑事责任，但"鬼混"这个词足以证明李某师德败坏，因此不能恢复其教师身份。对于判决书中为什么会出现"鬼混"这两个字，法院并没有给出明确的依据。但是，"鬼混"这个道德色彩浓厚的词语就像"标签"一样一直跟随着李某，他也因此没能恢复公职，获得正常退休的待遇。② 在本案中，事实上，法院对于李某与女学生如何"鬼混"并

---

① 张建伟：《〈孝经〉写入判决书的法文化解读》，《人民法院报》2010年7月23日。
② 以上内容参见中央电视台"今日说法"栏目2016年11月26日节目《清白的证明》。

无事实依据，只是随意使用该词，导致了当事人的权利受到不应有的伤害。由此可见，如果判决书宣告被告人无罪，就不应该使用道德语言再对其人品进行评价，更不能随意地对其人格进行道德性指责。

第四，法官应善于运用隐性或显性的道德叙事方式，融情于法。

判决中的道德叙事可以采取隐性的方式，也可以采取显性的方式。隐性的道德叙事指法官通过价值隐含的语言表述来实现法理与情理的融汇与统一，法官虽然没有明确表述其欲表达的价值观念，但读者在字里行间仍然可以有所体会。例如在 1997 年"贾国宇诉北京国际气雾剂有限公司、龙口市厨房配套设备用具厂、北京市海淀区春海餐厅人身损害赔偿案"中，原告因在聚餐中发生燃气罐爆炸事故导致严重烧伤，在诉讼中提出了物质及精神损失赔偿的请求。当时法律对于精神损失并没有明确规定。原《中华人民共和国民法通则》第 119 条仅规定："侵害公民身体造成伤害的，应当赔偿医疗费，因误工减少的收入，残疾者生活补助费等费用。"其中并没有精神损害赔偿的内容。但最终法院判决被告承担了 10 万元精神损害赔偿金。在判决书中，法官写道："原告贾国宇在事故发生时尚未成年，烧伤造成的片状疤痕对其容貌产生了明显影响，并使之劳动能力部分受限，严重地妨碍了她的学习、生活和健康，除肉体痛苦外，无可置疑地给其精神造成了伴随终身的遗憾与伤痛，必须给予抚慰与补偿。"① 透过判决书中看似理智而平和的行文，我们依然

---

① 《最高人民法院公报》1997 年第 2 期。

可以感受法官对受害人深刻的同情，以及非此不行的义务感。此案被选登在权威的《最高人民法院公报》上，表明当时最高司法机构对此案判决或判决叙事的认同。

在判决书中，法官也可以采用显性的道德叙事方式，通过直白的甚至文学的语言来直接表达其价值观念、道德情感。在中国古代，科举出身的司法官为了传达儒家伦理经义，非常擅长采取显性的道德叙事方式来撰写判词。但在现代法治体系之下，基于依法裁判的约束，法官更多地采取隐性的方式来传达价值观念，但在一定条件下，显性的道德叙事方式也完全可以使用。事实上，在当下的中国司法实践中，已经有不少法官开始使用更加显性的道德叙事方式来撰写裁判文书，并且取得了良好的法律和社会效果。下面用两个例子来加以说明。

一是被誉为"最牛刑事判决书"的广东惠州于德水案一审判决书。该案的基本案情是：2013年10月，被告人于德水利用自动取款机故障，以多次存款入账后又将退回的现金取出的方式，共非法获利9万元。惠州市惠阳区人民检察院开始指控其犯诈骗罪，后来变更起诉罪名为盗窃罪。惠阳区法院先后三次公开审理此案，于2014年10月17日公开判决于德水犯盗窃罪，判处有期徒刑三年，缓刑三年，并处罚金一万元。此判一出，赞誉纷至，法律界与媒体界给予了极高的评价，有人甚至称其是一份"伟大的判决"。[①] 之所以有这么高的赞誉，大致有两个方面的原因：

---

① 周恺：《"我们"与"本院"——伟大的判决伟大在哪里？》，载搜狐网 https://www.sohu.com/a/18002584_120032，2019年2月15日。

1. 洋洋万言，说理充分。该案的判决书共计 12265 字，其中"本院认为"部分近 6800 字，对案件的事实与法律问题展开了深入的阐释。很多评论者看到了这份"最牛刑事判决书"对裁判文书制度改革的重大意义，实践中有很多判决书拙于或不屑于说理，该判决书无疑提供了一个正面的示范。在辨法析理方面，其可圈可点之处甚多，除了关于罪与非罪、此罪与彼罪、刑罚衡量问题的分析之外，判决书中还对司法的局限性以及法官的司法态度进行了阐述："我们也不能确认和保证本判决是唯一正确的，我们唯一能保证的是，合议庭 3 名法官做出的这一细致和认真的判断是基于我们的良知和独立判断，是基于我们对全案事实的整体把握和分析，是基于我们对法律以及法律精神的理解，是基于我们对实现看得见的司法正义的不懈追求。"[①] 这样一种"心迹披露"既阐释了法学上的道理，同时也展示法官的职业追求。

2. 融情入法，定分止争。在阐释法理之外，法官还用较为详细地叙述了于德水的个人情况：父母病亡，与几个姊妹相依为命，生活困苦。法官感慨："对于一个穷孩子来说，几乎是从天而降的钱财对他意味着什么?!"于德水从 ATM 机取出钱款后带回老家，除了给弟弟一些钱，再也没有动用，被抓获之后，全部退清所有款项。法官用一种"同情式的理解"来描述了于德水难以抑制的一时欲念和取钱后的惶恐心态。判决书写道："被告人犯意的基础动因在于一念之间的贪欲。欲望

---

① 广东省惠州市惠阳区人民法院（2014）惠阳法刑二初字第 83 号刑事判决书。

人人都有，眼耳鼻舌身意，人有感知就会有欲望，所以欲望是人的本性，它来自于基因和遗传，改变不了，因而是正常的。"这既恰如其分地展示了案件发生的具体情境，同时也向公众表明被告人是一个良知尚存的人，为对被告从轻处罚并宣告缓刑作了良好的铺垫。

二是被誉为"最温情判决书"的无锡"胚胎案"二审判决书。该案的基本案情是：沈某和妻子于2010年结婚，婚后由于多年未育，两人在南京鼓楼医院做了试管婴儿手术。前期试管培育受精已全部完成，准备进行植入胚胎手术的前一天，两人驾车发生车祸，相继离世。4位失独老人在悲痛之余，与南京鼓楼医院交涉，期望得到沈某夫妻冷冻胚胎的监管权和处置权，遭到拒绝，无奈之下将医院告上法庭。这是全国首例已故夫妻冷冻胚胎权属纠纷案，一审法院驳回原告诉求。但二审法院撤销了原审法院判决，支持了上诉人失独老人关于获得已故儿子、儿媳冷冻胚胎的监管权和处置权的诉求。

在判决书中，法官写道："白发人送黑发人，乃人生至悲之事，更何况暮年遽丧独子、独女！沈某、刘某意外死亡，其父母承欢膝下、纵享天伦之乐不再，'失独'之痛，非常人所能体味。而沈某、刘某遗留下来的胚胎，则成为双方家族血脉的唯一载体，承载着哀思寄托、精神慰藉、情感抚慰等人格利益。涉案胚胎由双方父母监管和处置，既合乎人伦，亦可适度减轻其丧子失女之痛楚。"[1]法官运用"诗性"语言，通

---

[1] 江苏省无锡市中级人民法院（2014）锡民终字第01235号民事判决书。

过诉诸当事人的道德情感，以法律之外的常情常理来支持了本案的判决结论，对于案件最终的定分止争起到了良好的作用。

　　古今中外的司法实践表明，司法判决不单是一种法律推理，同时也是一种道德叙事。从有效回应社会正义需求的角度来看，加强判决书道德叙事的功能具有独特的现实意义。近年来，法学界较为重视司法推理的研究，但司法的道德叙事问题没有得到应有的重视。因此，我们有必要借鉴中国古代的司法经验，大力开展司法叙事学的研究，推动社会主义核心价值观在司法过程中的贯彻与落实。

结　语

古老传统何以助力现代司法创新？

纵观自清末改制以来的法制现代化进程，传统性与现代性之间的矛盾运动始终是其中的一条主要脉络。昂格尔在对比分析传统中国法与欧洲法之后认为，中国法也是离"法的支配"的理念最为遥远的一极，处于与欧洲对极的位置上。[1] 换用季卫东的表述则是：如果以法治的有无为坐标轴，那么古代中国居其负极，现代西欧居其正极，其他大多数文明都不过是在这两极之间各得其所而已。[2] 这意味着中国的法制现代化必然是背离法律传统的运动，是对既有制度、文化和生存方式的本质性超越，而对极性因素的存在不仅会带来思想观念层面上的无所适从，以至于滋生某种怀古主义式的幽怨，更会导致立法与司法实践中面临着前所未有的难题。

但是，即便是在这种"断裂式"的演进过程中，我们也可以清晰地感知传统因素的持续影响力。制度形态的传统法律或许因为革命或者新型立法的颁行而退出历史舞台，但是文化形态的法律传统却始终与法律

---

[1] ［美］昂格尔：《现代社会中的法律》，吴玉章、周汉华译，中国政法大学出版社1994年版，第99页。

[2] 季卫东：《现代法治国的条件（代译序）》，载［美］昂格尔：《现代社会中的法律》，吴玉章、周汉华译，中国政法大学出版社1994年版。

变革进程如影随形。这是因为，法律传统乃是一种历史文化力量，存在于普通民众的法律意识、心理、习惯、行为方式及生活过程之中，因而与一个社会的有机体血肉相连，密不可分。法律传统的这种文化特质使其超越了制度形态的狭隘作用空间，而成为一种穿越时空的力量。"法律传统不仅是过去的概念，而且是现时的概念，甚至是未来的概念。"①正因为如此，如何面对传统因素必将是当代司法改革难以回避的一个问题。

中国的法律文化传统，历经数千年的发展和积淀，形成了自身特有的制度规范与价值取向，其中有一些是与现代法治的精神和要求相悖的。但是，我们也不能忽略其中仍然存在具有生命力的因子，本土资源中仍然存在不少值得挖掘和改造的优秀成分。它们能够为当代中国诉讼法制现代化提供厚实的民族文化传统的基础。正如张晋藩所言："传统决不意味着腐朽、保守；民族性也决不是劣根性。传统是历史和文化的积淀，只能更新，不能铲除，失去传统就丧失了民族文化的特点，就失去了前进的历史与文化的基础。"②当然，传统的中华法律文化是一个良莠并存的体系，因而在延续传统中优秀因子的同时，不能简单照搬，而要进行去粗取精、去伪存真的工作，并根据现代法治的要求进行创造性转化。这不仅是作为中华文化继承者的历史责任所系，也是在司法改革和创新过程中必然要面对的现实问题。

---

① 公丕祥：《法制现代化的理论逻辑》，中国政法大学出版社 1999 年版，第 347 页。

② 张晋藩：《中国法律的传统与近代转型》，法律出版社 1997 年版，第 2 页。

在这样的立场之上，尚须进一步明确的问题是：古老传统何以成为现代司法创新的文化之源？我们不仅需要正视和尊重用对中华优秀法律文化的态度，更需要将中华优秀法律文化融入司法创新的方式和路径。

首先，司法创新应当采取兼容并包的视角，重视中华优秀法律文化的独特影响力。

司法创新不是一种孤立的行为，而是一种与社会变化、法律发展、司法实践相互联系、相互影响的过程。它是一种动态的平衡，而不是一种静态的固化。它需要根据社会需求和司法现状不断调整和完善，不能一成不变或盲目跟风。它是一种开放的合作，而不是一种封闭的竞争，要在继承和发展中求变革，在统一和分化中求和谐；要充分利用各方面的资源和智慧，要尊重各地各级司法机关的自主权和差异性，鼓励他们根据本区域的特点和条件进行探索和试验，以形成共识和合力。中华传统法律文化必然会以各种形式渗透于这一过程之中，这就要求司法机关既尊重历史传统，又顺应时代潮流；既借鉴外国经验，又符合国情实际，以兼容并包的心态来进行司法创新，增强人民群众对司法创新的信任和支持。

其次，确立传统法律文化的优秀标准，与现代法治价值之间寻找连接点。

传统法律文化称其为"优秀"的标准是多元的，包括：它能够体现人类社会发展规律和历史进步方向的思想理论和实践创新、能够反映中华民族对美好生活和理想境界的表达和追求、能够促进人类社会和谐发展和文明交流互鉴的价值观念和道德规范。依照一定的标准，在传统法律文化与现代法治价值之间寻找连接点，是促其实现创造性转化的重要环节。例如，就中国古代思想与现代人权观念的可兼容性问题，学界存在着不同看法。美国学者亨廷顿认为，儒家思想与西方民主、人权理念有着内在的、不可克服的矛盾：前者是集体主义的，后者是个人主义的；前者是权威至上，后者是自由至上；前者是义务优先，后者是权利优先；前者追求和谐，后者提倡竞争。① 但是，如果我们能够认真挖掘，就会发现，儒家思想中与现代人权观念之间存在着亲和力，如孔子"有教无类"的思想有利于人权和民主意识的培养；作为儒家思想另一重要特征的宽容理念也可以成为催生民主和人权思想的萌芽的土壤。其实，从历史的视角来看，儒家思想是比基督教思想更具宽容性的。诚然，中国传统文化中也存在着许多排斥现代人权观念的因素，但两者之间似乎也不存在亨廷顿所言的不可调和矛盾，中国传统文化包含着大量的人性和人道思想，可以成为人权观念得以形成的基本条件。有鉴于此，笔者认为，传统文化中的人性、人道思想与现代人权观念非但不是南辕北辙，相反可以殊途同归。

再次，保持批判性思维，对传统法律文化进行去粗取精、去伪存真，有鉴别地继承其中的优秀成分。

我们不能将中华法律文化当成教条来遵循，而要用理性的眼光去分

---

① 参见［美］塞缪尔·亨廷顿：《文明的冲突与世界秩序的重建》，周琪、刘绯、张立平、王圆译，新华出版社1999年版，第58—63页。

析和评价，为此，应当区分古代文化中的普遍原则和特殊情境，要区分古代文化中的主流观念和边缘思想，要区分古代文化中的正面价值和负面影响。比如，和谐理念乃是由中国传统文化的和合性积淀而成，和合性被认为是中国人的天性或国民性，国学大师钱穆指出："中国人乃在异中求同，其文化特征乃为一和合性。西方人乃于同中求异，其文化特征乃为一分别性。"① 这种和合性经儒家学派一代一代的推广和发展，逐步被延伸到世间万物之上，不仅是一种人生哲学，也是关于社会秩序和政治生活的理想。于是，和谐精神成为中国古代法的基本出发点。传统的诉讼模式，缺乏对抗性，司法官在审判完全处于支配地位，诉讼参与人则处于被支配地位，案件的公正处理来源于司法官的明察秋毫，法庭的辩论和对抗只具有次要的地位，而当事人的辩论和对抗则似乎就不那么重要了。鉴此，日本学者野田良之将中国传统的刑事诉讼称为上诉或保护性的诉讼模式，以区别于西方的竞争性诉讼模式。② 近现代中国刑事诉讼改革的基本目标之一就是要建立控辩平等对抗、法官居中裁判的诉讼结构，审判方式改革的重点也是要增强审判活动的对抗性。但改革和发展的现实状况表明，传统的和谐仍然在影响着当前诉讼方式的实际运作，非对抗的、职权主义甚至于超职权主义的因素仍然顽强地生存于庭审制度和庭审活动之中，使之呈现出一种不充分的对抗性。③ 与此同

---

① 钱穆：《晚学盲言》，东大图书公司1987年版，第289页。
② ［日］野田良之：《比较法文化学》，《比较法研究》1987年第4期。
③ 龙宗智：《刑事庭审制度研究》，中国政法大学出版社2001年版，第130—131页。

时，和谐精神及其所产生的对社会安定的渴求还影响着人们对于刑事诉讼活动及其结果的评价，人们难以接受因为保障被告人的正当程序权利而作出的无罪判决。美国辛普森案件式的诉讼不仅为我们的诉讼制度所不容，也难以得到普通民众的广泛接纳。这表明，无论是中华优秀法律文化的传承，还是对西方法治文明的汲取，都不是简单地照搬照抄，而是要以批判的眼光进行客观的分析，使之与中国当下的制度环境和司法实践相融合。惟其如此，方能成为司法创新的渊源。

最后，重视实践效果，要将中华优秀法律文化落实到具体的司法实践中，在实践中磨合，在效果中检验。

传统与现代之间存在着时间上的距离，但我们切不可将传统法律文化当成来自过往的空洞理论，之所以传承传统法律文化也不单纯是出于对祖辈与先贤的尊重与崇敬。在历史上，传统法律文化是为了解决人类生活中的各种现实问题而产生和存在的，它们在新时代能否得到接纳和延续则需要在实践中加以验证。检验传承中华法律文化的实践效果，我们要看它能否有助于促进社会主义法治建设，增强人民群众的法治观念和法治素养以及展现中国特色社会主义制度优势和国际影响力。在司法中传承和发展中华法律文化是一项实践性的工作，不是一句空话就能完成的。它要求我们将中华优秀法律文化的精神和理念贯穿于司法的全过程，把其中所包蕴的智慧和创造力运用于解决现实问题和矛盾，与新时代全面依法治国实践相适应，不断推进中华优秀法律文化的创新发展和时代转化。总之，只有应当将中华优秀法律文化导入现实的实践问题，才能真正体现出传承中华法律文化的活力和魅力。

习近平指出，"要把优秀传统文化的精神标识提炼出来、展示出来，把优秀传统文化中具有当代价值、世界意义的文化精髓提炼出来、展示出来"①。司法制度是政治制度的重要组成部分，司法公正是社会公正的重要保障。新中国成立特别是改革开放以来，中国坚持从国情出发，在承继中华优秀传统法律文化、借鉴现代法治文明的基础上，探索建立并不断完善中国特色社会主义司法制度，维护社会公正，为人类法治文明作出重要贡献。中华优秀法律文化是中华文明的重要组成部分，它体现了中华民族在法制文明上的智慧和创造力，凝聚了中华民族的法律精神和治理智慧，有很多优秀的思想和理念值得我们传承和弘扬。当前中国正处在司法改革的进程之中，改革的目标是建设公正高效权威的中国特色社会主义司法制度。在这一进程中，中华优秀法律文化将成为司法创新的重要思想渊源。

---

① 张洋：《举旗帜　聚民心　育新人　兴文化　展形象　更好完成新形势下宣传思想工作使命任务》，《人民日报》2018 年 8 月 23 日。

图书在版编目(CIP)数据

司法创新的文化之源/秦策著.—上海:上海人
民出版社,2023
ISBN 978-7-208-18603-3

Ⅰ.①司… Ⅱ.①秦… Ⅲ.①司法制度-研究-中国
Ⅳ.①D926

中国国家版本馆 CIP 数据核字(2023)第 197338 号

责任编辑 郭敬文
封面设计 汪 昊

司法创新的文化之源
秦 策 著

出 版 上海人民出版社
        (201101 上海市闵行区号景路 159 弄 C 座)
发 行 上海人民出版社发行中心
印 刷 上海新华印刷有限公司
开 本 787×1092 1/16
印 张 12.25
插 页 2
字 数 122,000
版 次 2023 年 11 月第 1 版
印 次 2023 年 11 月第 1 次印刷
ISBN 978-7-208-18603-3/D·4223
定 价 58.00 元